追尋先父母的足跡

親歷西安事變的穆斯林將軍

閔錫慶——著

作者父親閔湘帆與母親仝道雲之合照。

父親與白崇禧將軍。

①父母親攝於民國24年。
②父母親攝於南京老家。民國25年。
③母親在住處與諸同事拍球後攝影留念。民國23年6月10日。

民國31年中國回教協會第二屆全體會員代表大會合影留念。第一排：白崇禧將軍（中）、母親仝道雲（右二）。

中國陸軍總司令部經理處全體同仁歡送閔公處長夫婦合影。民國34年3月8日於昆明。

全家福。第一排：母親仝道雲（左）、小妹閔錫慶（中）、父親閔湘帆（右）；第二排：大姐閔錫明、大哥閔錫鈞與二哥閔錫金。民國35年元旦。

安徽省及阜陽縣回教界團體聯合歡迎母親仝道雲（第二排右六）茶會紀念。民國36年7月12日。

母親當選上海市議員照。

第一屆國民大會回教全體代表。第一排：父親閔湘帆（左一）。民國37年4月24日。

第一屆國民大會上海全體代表。民國37年4月24日。

台北麗水街清真寺。第一排：白崇禧將軍（左一）。第二排：母親仝道雲（右一）。

台北清真寺譯（古蘭）經委員會成立紀念。前排：時子周主任委員（中）、白崇禧將軍（左三）、母親仝道雲（左二）、常子萱伊瑪目（右一）。民國43年。

回教界耆老在興建中之台北清真寺歡迎約旦國王胡笙陛下。民國48年3月10日。

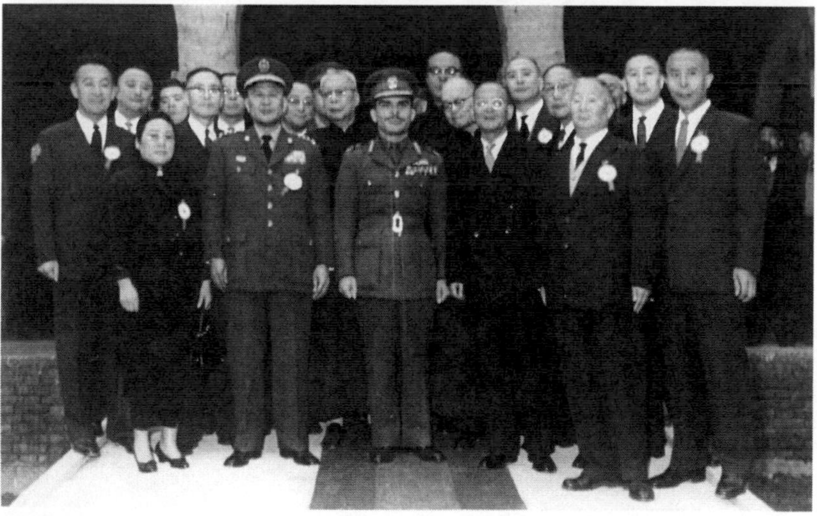

約旦國王胡笙陛下與全體歡迎者合影留念。第一排：胡笙國王陛下（中）、白崇禧將軍（左二）、母親仝道雲（左一）。第二排：父親閔湘帆（左二）、時子周理事長（左三）、柴德林阿訇（右一）。民國48年3月10日。

約旦國王胡笙陛下於台北圓山行館接見我國朝野人士。與國王握手者為母親仝道雲。

蔣經國先生（中）蒞臨新落成之台北清真寺，由父親閔湘帆（右）、謝松濤教授（左）暨楊卻俗哈智（後）接待。民國49年4月。

台北清真寺。民國49年4月13日落成。

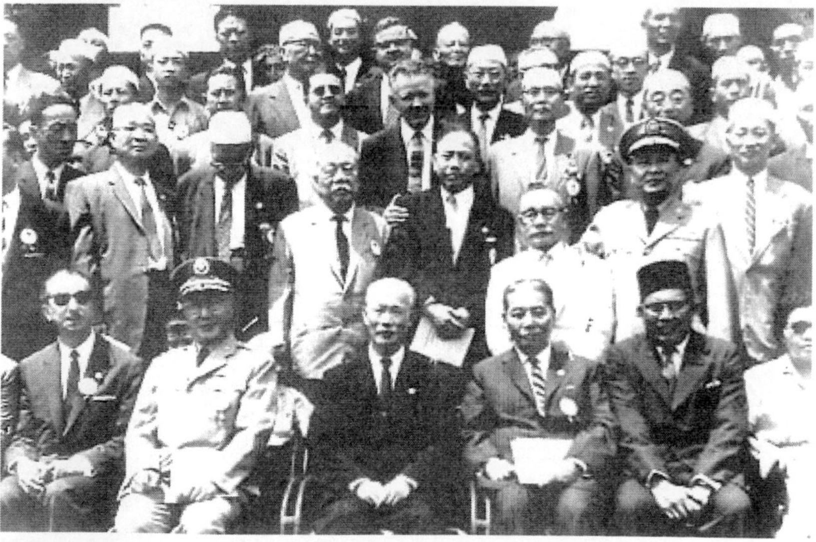

民國49年4月13日台北清真寺落成典禮。政府首長暨外賓合影紀念。第一排：陳誠副總統（中）、第二排：白崇禧將軍（右一）、第三排：父親閔湘帆（右三）、丁翰哈智（右二）。

上：白崇禧將軍（中）、父親閔湘帆（左二）、母親仝道雲（右二）、作者閔錫慶（右一），攝於台北清真寺。民國49年4月13日。

下：白崇禧將軍（中）、父親閔湘帆（右）、母親仝道雲（左），於台北清真寺貴賓室。

白崇禧將軍（右二）、父親閔湘帆（右一）、母親仝道雲（左一），於台北清真寺大殿前。

民國49年台北清真寺落成不久，回教界耆老在大殿前合影紀念。前排：自左至右，謝松濤、孫繩武、石雲溪、母親仝道雲、趙明遠、常子萱、許曉初、石萬英。

中華民國五十年朝覲團，從左至右：團員楊珍、團長閔湘帆、團員仝道雲、艾拜都拉、馬品孝。民國50年4月攝於台北松山機場。

中華民國五十年朝覲團訪問馬來西亞吉隆坡回教（伊斯蘭）學院留影。學院院長（右五）、母親仝道雲（左五）、父親閔湘帆（右四）、僑領馬天英（右三）、艾拜都拉（右二）、楊珍（左四）、馬品孝（左三）。民國50年6月9日。

中華民國五十年朝覲團訪問馬來西亞霹靂州（Perlis），該團全體與蘇丹暨王后合影。前排：王后（左）、團員仝道雲（右）。中排：蘇丹（中）、團長閔湘帆（右）、團員楊珍（左）。後排：團員艾拜都拉（中）、團員馬品孝（左二）、僑領馬天英（右一）。

馬來西亞霹靂州蘇丹暨王后邀宴，該團全體於蘇丹大殿前，自右至左：團員艾拜都拉、團長閔湘帆、團員仝道雲、楊珍、馬品孝。民國50年6月11日。

父親閔湘帆（左）接待印尼國會議長賽胡氏（右）。民國50年。

父親閔湘帆於行政院主計處第一局辦公室。民國56年。

①父母親於民國52年6月遊台北縣萬里鄉（現在更名為新北市萬里區）野柳。
②父親閔湘帆，民國54年4月1日（陰曆乙巳年2月30日）。
③父親閔湘帆攝於黎巴嫩貝爾貝克（Baalbek）。民國60年6月6日

母親仝道雲於黎巴嫩國會議場。民國57年（1968）。

母親仝道雲與黎巴嫩回教籍國會議員餐敘。民國57年（1968）。

①母親仝道雲照片。
②父親閔湘帆照片。
③父母親合照於台北清真寺。
④父母親遊澎湖馬公。

①父母親合照於伊朗北部裏海邊之阿穆爾（Amol），我國農技團官舍前。民國60年6月。
②父母親遊南投溪頭台灣大學實驗林。背景為2800歲之神木。民國62年10月1日。

民國76年中國回教協會第三屆第五次全體會員代表大會合影紀念。前排：許曉初理事長（中），父親閔湘帆（右二）、母親仝道雲（右三）。

Lifestyle 6 Section 5 Chicago Tribune, Sunday, August 15, 1976

East meets West

Lawyer finds harmony

By Carol Kleiman

SO MANY cultures and traditions are influencing the life of China-born Chicago attorney Marian Ming that it's a wonder how she keeps them straight.

"They are all like a movie, always playing in the back of my head. I have to pick the best truths from all of them, in order to find harmony," she says.

A harmonious life is in accordance with the Confucian and Muslim traditions she was raised in. Yet Ming's life in Chicago is hectic. The first woman native of China to practice law in the United States, she was named last year as the first woman university counsel for the Illinois Board of Governors of State Universities and Colleges. She has been responsible for legal matters involving Northeastern, Chicago State, and Governors State universities.

"It's like having three children," she smiles, "each one's completely different from the other and with different problems and personalities."

WHAT'S MORE, when time allows, she pursues her private law practice at 134 N. La Salle St. She specializes in divorce, immigration, and real estate law.

Raised in a tradition that teaches "a wife is a wife and a mother is a mother," Ming, 35, was married over a year ago because, she said, "it was time to have a family." She's expecting a baby in October.

Though, according to Chinese tradition, she married late, she had a traditional Muslim ceremony. In December, she and her husband, Dr. Chin-Man Kung, a resident anesthesiologist at Cook County Hospital, went to China and presented themselves to their families in the Confucian manner of respect for elders.

"My profession means everything; I love the law," Ming says in fluent English, "but the family is even more important. We live for other people, not material possessions. The family is a natural way of extending love. Our trip was a duty, but we were happy to do it."

MING, WHO is also chairman of the women's rights committee of the Woman's Bar Association of Illinois, uses her own name professionally and her husband's name with the family. And although her work demands traveling throughout the state, she makes only one-day trips.

At the same time, she says, she insists her husband do the dishes and empty the garbage. "My mother constantly told me career women work twice as hard as anyone else if they marry. Sometimes I get upset about this and think, 'Why doesn't he do anything?'"

She thinks about the conflict between tradition and modern life often. "We want a family very much, but I know I will be the one responsible for the children. I won't be able to continue to work in the same way."

THE QUESTION remains, but Ming believes such problems can be solved and looks to her mother for inspiration. "My mother has been an example of blending the traditional and untraditional," she says. "When my mother was only 13, she unbound her feet. Later she studied political science at Peking University — something women never did.

HER MOTHER also ran the family business and affairs of her grandfather and uncles, something else Chinese women usually don't do.

"She met my father and fell in love," Ming says. "He was married. She refused to be a concubine and made him get a divorce. That was unusual, too."

Ming was born in Chian Su Province and grew up as an obedient little girl. Now she realizes the strength of her mother's influence on her life. [Today her mother is a member of the republic's house of representatives and was formerly a senator. Her father is also a member of the house].

Ming has changed a lot from that obedient little girl. "Five years ago I visited my parents and went to the hairdresser with my mother. Each woman has her name on her own bottle of shampoo. My mother had her maiden name on hers. I was so angry. That was my reaction. Today I respect her so much for it and understand the importance."

WHAT HAS happened to her in the last five years is a gentle fusing of all the influences in her life, triggered by her involvement in the women's movement in the U. S.

Ming decided early to become a lawyer and came to the U. S. in 1962 to do graduate study in law. "I parlayed that into a 10-year stay," she says with a smile. "My family always thought I was coming back to go into politics. I never intended to. I wanted to be a full-fledged lawyer here."

In 1973, after studying law at the University of Chicago, she was admitted to the Illinois bar. "I had already done that in Taiwan, but I had to do it all over again in English," she says.

In 1975, Ming attended the United Nations' world conference of International Women's Year in Mexico City. "It was upsetting to me," she said. "The Chinese women — from the People's Republic — would not talk to me in Chinese because they didn't know for sure my political stance. Finally, they talked to me only in English, so that others would understand and they would not be misquoted."

In general, however, she is absolutely positive about the conference. "So many women are struggling," she says. "They struggle alone. Here we learned we are not alone."

But Ming is tired of talk and prefers action. "There is a disharmony in the United States," she says. "No longer is the man the only source of income or access to the outer world. Roles are changing and this leads to disharmony.

"Our only hope is in harmony."

Tribune Photo by Hardy Wieting

Marian Ming: "My profession means everything; I love the law, but the family is even more important."

Marion Ming discusses her plans to help make the world a better place. (Staff photo by Joan Mathieu)

Breaking new ground

'If you don't input into a society, you don't get anything out

By CHARLOTTE COOPER

When Marian Ming was appointed to Oak Park's community relations commission this summer, she became one of the few Orientals ever named to serve in a village volunteer post.

This event, she says, was "quite an honor." But the 44-year-old lawyer and mother of three has become accustomed to breaking ground during her two decades in America.

In 1972, Ming became the first native-born Chinese woman licensed to practice law in the United States. Since that time, she has developed a private practice in which she attempts to help first-generation immigrants with whatever legal problems they encounter. But she now hopes to expand her horizons by entering the political arena, at both the state and local levels.

To Ming, this transition seems quite natural, since she grew up in a highly partisan household. Back home in Taiwan, her mother serves as a national senator and her father is a congressman. But their daughter Marian says she initially held back from such involvement in America, "because at first I was just very busy learning to adapt to a new way of life. But now I've decided that if you don't have any input into a society, you don't get anything out of it."

To put her new philosophy into action, Ming recently became the Illinois chairman of the Democratic Party's Asian-Pacific caucus — which was formed a year ago by Orientals anxious to acquire political clout commensurate with their numbers in American society.

In the past, Ming maintains, Asians were reluctant to demand such attention, "maybe because we kept to ourselves so much. People always had this feeling they didn't want to get too involved because they thought they would eventually go back to the country where they were born. But now I'd say Orientals are waking up to the fact that we're here to stay. So we're ready to come forward and participate more."

As proof of this phenomenon, Ming points to the recent Democratic convention in San Francisco, which hosted 102 Asian-American delegates — quite a jump from the three such delegates who attended the 1980 convention. Ming, for her part, would like to bring some of this new political enthusiasm to Oak Park, which — according to the 1980 U.S. Census — is home to 1,482 Asians and Pacific Islanders. But as yet, she admits, "I don't have a plan."

But Ming, it must be noted, will undoubtedly think of something, since she has more than proved her resourcefulness since immigrating to the United States in the early 1960s. At that time, she says, "I had a law degree from Taiwan, but I wanted to practice here, so I entered a program in comparative law at the University of Chicago. But after a year I decided I wasn't ready for that, because my English was so bad. So instead I went to Rosary College to get a master's degree in library science."

To shorten her commute between home and school, Ming moved from Chicago to Oak Park — and stayed in the village when she completed her degree. For the next six years, she worked as a librarian at the American Bar Foundation by day and attended DePaul Law School at night — a regimen which ended in 1972, when she graduated and passed the came a job with a law firm to an anesthesiologist. But her three daughters we switched to private practic ding in to the community "has always made my fam very welcome."

To return the favor, "make some kind of contr community relations com attempts to smooth out any tween Oak Park's racial an That task, the new membe probably hard, because th with people from so many d But I'm a minority-group n So I think there are thing help."

Board vacancies on aging co

The Suburban Cook County Area Agency on Aging, a private not-for-profit corporation which plans, coordinates, advocates and funds services for older persons, is seeking nominations for its advisory council and board of directors.

Nomination forms and brochures which explain the Area Agency's function can be obtained by contacting: Suburban Cook County Area Agency on Aging, 400 W. Madison St., Suite 306, Chicago, Ill. 60606, 559-8616.

Nomination forms shoul and mailed to the Area Ag Nominations received after be considered for future va advisory council and board c

Advisory council and b served for a period of three two term limitation to servi

For more information, c at 559-0616.

A PIONEER PRESS NEWSPAPER August 22,

①

②

①本書作者閔錫慶被《芝加哥論壇報》報導，〈當東方遇上西方：律師發現和諧〉，民國65年（1976）。

②有關本書作者閔錫慶的其他報導，〈開闢新天地〉，民國73年（1984）。

世界日報
僑學各界及外賓一千七百人
參加乙丑新年晚會聯歡迎春

對移民政策有獨到見解
閔錫慶獲國府聘為顧問
本報記者朱嘉立

中華民國內政部部長許水德日昨以聘書一紙，寄送給芝城執業律師閔錫慶，聘請他為內政部移民政策規劃小組顧問。閔錫慶是因為於本年國建會中提出有關台灣制訂移民政策之建議，而獲邀參與策劃此項計畫之人士。

閔錫慶於此次國建會中表示，制訂移民政策，不但可以疏解台灣日益嚴重的人口壓力，為國人移居他國開闢一條康莊大道，並且還可增進中華民國與其他國家的外交與實質關係。如日本與韓國現行之移民政策就非常值得參鏡。

閔錫慶指出，移民海外並不等於背棄國家，現在台灣移民海外的學生、教授、家庭不計其數，許多人皆在海外很有成就與貢獻，替台灣爭取了不少實質外交。再者，每年十月國家慶典，僑胞雖身在國外，然心向祖國。

自國建會學人建議訂定移民法，鼓勵移民後，國府當局很快就有了反應，內政部目前正積極研討各國移民法令，並聯集外交部、國防部、經濟部、僑委會等各單位，就其業務範圍提出意見，以擬訂移民政策。

閔錫慶被聘為移民政策規劃小組顧問，將以其多年來從事移民法律服務之經驗，貢獻意見。

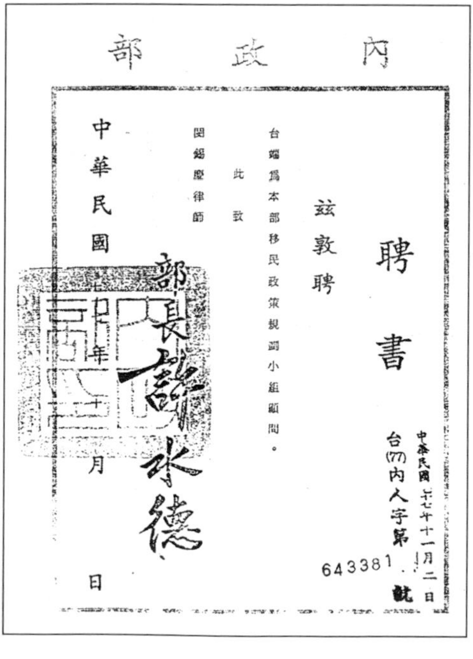
內政部

聘書

中華民國七十七年十一月二日
台(77)內人字第643381號

茲敦聘

台端為本部移民政策規劃小組顧問。

此致

閔錫慶律師

部長 許水德

中華民國七十七年十一月 日

①《世界日報》報導〈僑學各界及外賓一千七百人參加乙丑新年晚會聯歡迎春〉，時任大會主席閔錫慶代表芝加哥律師各界致歡迎詞。民國74年（1985）。

②《世界日報》報導〈對移民有獨到見解：閔錫慶獲國府聘為顧問〉。民國77年（1988）。

③時任內政部長許水德聘請閔錫慶律師為顧問之聘書。民國77年（1988）。

①閔錫慶律師投書《世界日報》〈民主黨真正接納少數民族〉。民國77年（1988）。

②《世界日報》報導，〈閔錫慶爭取出席民主黨全國大會〉。民國77年（1988）。

③《婦女雜誌》刊出閔錫慶律師之口述受訪談婦女參政之內容。民國77年（1988）10月。

閔錫慶：民主黨眞正接納少數民族
王以行：共和黨經濟政策促進繁榮

本報記者 朱嘉立

華人談大選

美中新聞　第十二頁

閔錫慶爭取出席民主黨全國大會
行動支持保羅賽門少數族裔政見

【芝加哥訊】華裔律師閔錫慶現欲爭取總統候選人保羅賽門，出席一九八八年民主黨全國代表大會伊州代表團之席位。她表示，保羅賽門之少數民族政見對亞裔十分有利，故她希望爭取代表權出席民主黨全國大會，以實際的行動來支持賽門參議員。

保羅賽門之競選總部日前公佈了代表團候選人名單，閔錫慶屬於伊利諾州第七選區，除了她之外，該選區中尚有其他八位候選人。閔錫慶現在必須蒐集一百五十個第七選區居民之簽名，才有資格參加競選。

賽門伊州競選總部政治主任保瑞辛克萊表示，賽門參議員之力量，反映於廣大而強力的代表團候選人身上。明年三月，伊利諾州之正式代表團將被選出，再於七月間前往亞特蘭大參加民主黨全國代表大會。

伊利諾州的民主黨大會，將於明年的三月十五日舉行，會中預計選出一百一十三位代表及三十八位候補代表，稍後民主黨官員及競選部負責人將再挑選七十四位正選及二十位候補，組成一百八十七位正選及五十八位候補之正式代表團。

辛克萊指出，有意參加代表團之人士極為踴躍，共有數百人競逐這一百一十三個席次。他說，選擇候選人之標準包括選區的地理位置、性別、人口、代表性及後勤支持等。

凡居住在伊州第七選區的華裔人士，可簽名支持閔錫慶之代表權，她的聯絡電話為：782-8200。

已有許多國家實施「保障民權法律」

婦女應踴躍參政，爭取決策權

美中新聞

女性人力資源開發研討會
閔錫慶應邀演講

【本報之加哥訊】芝加哥華裔律師閔錫慶，於十一月十四日應國府行政院勞工委員會之邀請，到台灣高雄中山大學參加「委會、國立中山大學及曉實文教基金會合辦，該會專注於全面第二屆女性人力資源開發研討會」中演講，主題是「中美婦女有性探討婦女勞工、人關之政策及法規的研討」。受到在場人士的重視。

第二屆女性人力資源開發研討會是由勞

對婦女福利及男女工作機會均等進。

世界日報 十一月廿一日 一九九0年

人物特寫

篳路藍縷 艱辛創業
閔錫慶擁有多項「第一」榮銜

千錘百鍊，到水到渠成
參政與草根作業——祝賀美中新聞創刊周年

閔錫慶

世界日報

A1 要聞(一) 農曆甲戌年八月六日 SUNDAY, SEPTEMBER 11, 1994

新任僑務委員名單公布
全球五大洲共計一百十五人

【本報台北十日電】中華民國李登輝總統核定任命僑務委員會新任僑務委員，這次新任委員有一百十五人，連同任期未屆滿的六十四位委員，共計有一百七十九人。僑務委員的任期為三年，由僑委會報請行政院轉呈總統聘任。

僑委會表示，這次任命，朝提高學歷，降低平均年齡及省籍分配均衡三方面作適度規劃，調整後的委員結構是：一、具有博、碩士學位者五十三人，較前增加二十四人，佔總人數百分之二十九點六一。二、平均年齡六十二點八九歲，較前降低四點三歲。三、廣東省籍者七十二人，較前減少五人，佔總人數百分之四十點二二，台灣省籍四十三人，較前增加二十一人，佔總人數百分之二十四點○二，其他省籍六十四人，較前減少七人，佔總人數的百分之三十五點七六。同時，女性委員也自原來的四名增加至七名。

根據僑務委員會統計，目前全球五大洲華僑聚集較多地區，僑務委員名額分配為：亞洲地區六十三人、大洋洲六人、歐洲十五人、非洲三人、美洲九十二人。

新任僑務委員名單如下：譚志曾、譚社聰、羅錦培、刁振謀、王津涯、王木修、方國源、方俊雄、丘沛民、司徒惠初、司徒政、伍健生、伍權碩、江仕華、朱光文、余樂清、余建軍、何國華、何明通、貝聿文、李維國、李治民、李蔚華、谷祖光、沈明木、沈爲霖、林再藩、林炳昌、林必勉、林清操、林來榮、吳家澪、吳振波、周梓炎、周馬雙金、邱垂亮、洪萬、馬樹榮、許澄宇、范揚盛、徐中元、徐立夫、徐榮、高同義、莊明哲、耿慶武、姚望深、姚榮輝、陳潤吾、陳慶利、陳子忠、陳毓徽、陳惠康、陳沛泉、陳洪福、陳博中、陳泰天、陳晏翮、陳名豪、畢卓榮、許景琪、許錦浩、許華彥、莫翔興、莫鑑、張介然、張偉良、張聚麟、張明昭、張宗海、張王薇、張秋雄、黃根和、黃毅超、黃乾、黃強、黃炳鐸、黃卓棠、黃金泉、黃國昌、黃振華、閔錫慶、曾憲春、程宗熙、葉國鈞、葉炳熬、董乃寅、路平、溫華征、楊力宇、楊尚霖、楊秉忠、楊貴運、趙樹林、鄭光志、鄭欣、鄭衍烈、鄧仲聲、鄭貽鴻、鄧幟嬰、廖芳洲、蔡桂佑、蔡順利、蔡謀修、龔華、劉錦照、劉謙賓、謝來興、謝家康、盧遠濤、錢樂生、戴火山、鄺展翼、鄺鈞、簡水波。

①｜②｜③
④

①《世界日報》報導〈女性人力資源開發研討會：閔錫慶應邀演講〉。民國79年（1990）11月。

②《世界日報》之人物特寫報導：〈篳路藍縷・創業艱辛：閔錫慶擁有多項「第一」榮銜〉。民國80年（1991）2月。

③閔錫慶於《世界日報》上之專文〈千錘百鍊，到水到渠成：參政與草根作業——祝賀美中新聞創刊周年〉。

④《世界日報》報導：〈新任僑務委員名單公布〉，亦包含了本書作者閔錫慶。民國83年（1994）9月。

民國83年（1994），本書作者閔錫慶律師應時任美國副總統高爾的夫人之邀，前往華府參加美國民主黨婦女領導座談會，並於次日與柯林頓總統共進午餐，探討婦女參與政治等一系列問題，圖為總統夫人希拉蕊女士與閔律師合影。

前言
我們這一家

在抗戰的兵馬倥傯時期，我們家從南京而漢口而重慶，搬了好幾次家。我們一家六口，父親閔湘帆，母親仝道雲，加上我們四個兄弟姐妹。大哥錫鈞，二哥錫金，大姐錫明，我排行最小，是在重慶出生的，所以叫做錫慶。

童年時代，我印象最深的是在重慶居住期間，我們住在臨江門內夫子池附近。有一天休假日，父母親拎著我去逛商場菜市，買點日常用品。那時我四歲，在人潮洶湧的街道上，我因好奇停下來看商品，掙脫了父母的手。他們忙著買東西，也沒留意我在哪裡。轉瞬間，我就見不到爸媽的臉面。自己人小，在大人的胯下鑽來鑽去，也找不到他們。我也不敢啼哭叫喊，只有摸到路邊，仔細觀察來時的街面店鋪，一步一步追憶攤位陳列的貨物，尋覓歸途。走到家門時才知道，父母親早已急得團團轉，怕我給歹徒拐走，已報警尋找。

當時住在附近的一位畫家黃翰青先生，青年時代在南京曾同我母親一起，拜著名畫家梁公約學畫。他為此還畫了一張「群雛圖」，畫的是小雞四隻，指我們兄弟姐妹四人。父親還在畫上題詩以記：

群雛花下自親親，粒米相呼見性真，鷹鷙有時須記取，莫忘離母遠遊身。

這幅畫，至今我還保留在身邊，每當看到它，父母濃濃的愛盈溢在畫面，溫暖在心頭。抗戰結束之前的一九四四年，父親調差到雲南昆明的軍中後勤部門工作。我還記得一九四五年夏天，母親帶著我們幾個子女從重慶到昆明探望父親的情景。對父母親來說，那時的生活真可以「居無定所」四個字來形容。

我們閔家兄妹，都可說是戰爭的子女。父母親最大的遺憾，應該是離開大陸到臺灣時，沒有帶上錫金同去。說起來，這也是無可奈何的事。

抗戰之初，大哥和父母隨政府遷到後方，二哥和大姐留在淪陷區，逃難失學，骨肉分離。本來以為這只是短暫的離別，沒想到戰爭卻是經年累月的延續下去。好不容易熬到抗戰勝利，我們才能全家團圓。當時已在上海市銀行工作的二哥，有四年的時間，與父母家人時常相聚。父親還勉勵二哥進到上海法學院銀行系夜間大學讀書。可是二哥在學期間，卻因患肺結核而中途退學。一九四九年我們一家匆忙離開大陸時，二哥住院，無法與我們同行，從此兩地阻絕，相隔了四十年。一直到一九八九年父親去世後，二哥才能赴台奔喪。

大哥錫鈞中央大學醫學院畢業後，經香港赴美留學，拿到醫學博士學位後與大嫂在美國大學教書定居。多年後，我步大哥後塵，出國留學，並在美國成家立業。只有大姐錫明和姐夫甘毓龍留在臺灣陪伴日漸老去的父母。從父親日後寄給我的詩文中才知道，我的「遠遊」不歸，也是他晚年心中的一大憾事。

父母親在北伐時期結識，隨後因工作關係，兩人時常分隔兩地。有一回，母親坐火車到西安去探訪父親，住了兩個星期，誰知就在父親送走母親當晚的第二天凌晨，發生了舉世震驚的西安事變。父親因為是南京中央派去的官員，事發後叛軍捉捕中央人員，父親在緊急情況下潛逃出城，還經歷了一段相當危險的旅程。協助他出逃的是西安中國農民銀行許海仙經理。這位許經理先前也曾幫助過在西安工作的我姨爹王思誠和姨媽仝道英，化裝搭車，脫離險境。重情義的父親事後打聽到許經理的下落，還親自去答謝他當年的恩情。

後來我姨爹被經濟部派往甘肅玉門油礦局，擔任處長。在國共內戰情況危急的時候，姨爹姨媽跟隨姨爹的山西老鄉，當時的行政院長閻錫山，遷到四川重慶，我們一家則到臺灣。後來沒想到局勢緊急之時，閻錫山又突然飛到臺灣，在四川留下了一大批跟隨他去的行政院部屬。我的母親和姨媽兩姐妹在廣州一別，各奔東西，竟成了永訣。四川失陷後，姨爹一家隱名埋姓，做苦工度日，最後一家人貧病交迫。母親娘家輾轉來信，告知姨媽的死訊和姨爹帶著兩個兒女待援的困境。對母親來說，這應是她的錐心之痛。

父母親生在憂患的中國。他們在戰亂中成長，在兵馬倥傯的時局中，拉拔我們子女長大。伊斯蘭信仰始終是他們堅定不移的精神寄託。他們的友輩稱讚父親是勇於任事、思慮周密的儒將，母親是有俠義精神的女中豪傑。抗戰期間母親在戰火中搶救難民孤兒的事蹟為人稱道。但在家中，在我們子女面前，他們絕少提到。他們對伊斯蘭的奉獻，對教胞的幫助，我們也都是長大之後從別人那裡聽來的。

有一位同母親從未晤面，只靠通信的大陸學者鄭勉之先生，想用平易近人的中國人思維方式來闡釋《古蘭經》的微言大義。母親知道後就設法資助他出版。

母親過世後，鄭先生在給我的信中說：

> 我只聽傳說，令堂以一個年輕新女性參加過北伐，以巾幗英雄之形象出現在社會上，其具體形象就不詳了。中國穆斯林婦女大都文化低下，在那個時代多在社會底層，碌碌無為，令堂確為不可多得也。不入史冊，愧對先人，不知您有何感慨？

是的，不入史冊，愧對先人。比起父母親一代所經歷過的風浪，我們這一代子女的經歷，全部加起來，恐怕也及不上他們。相形之下，我們的生活平凡得多，也單純得多。父親生前在給我們四個子女的信中曾說，「來臺已三十年，棉襖線襪，補補縫縫，仍有大陸舊物，繼續穿著。」父母希望我們「不以財物為重」。

現在人到暮年，我常想到為父母的一代做些什麼。不敢說立傳，因為史料搜尋不易，許多事蹟都隨時間日漸湮沒了。只能從父母親和其他長輩的片段回憶中去爬梳整理，希望能理出他們走過的足跡，理出他們心路歷程的一個梗概，同時也希望藉此呈現他們那個時代的風貌。

目次

第一章
先父西安歷險記

我們童年時，很少聽到父母談起西安事變和他們有何關係。直到父親晚年退休後，他開始寫回憶錄時，仔細的描述當時的情景，我們才知道，他竟然親身經歷了西安事變。

兵諫緣起

在中國近代史上，一九三六年十二月十二日發生的西安事變，可說是國民黨和共產黨關係的轉捩點，也是此後國共勢力消長的一個關鍵。事變的起因是一九三六年十一月，蔣介石把他的中央軍嫡系部隊三〇個師，從湖南湖北調到平漢線漢口－鄭州段和隴海線鄭州－靈寶段，準備入陝，完成他眼中的剿共戰役的最後階段。蔣在十二月初要求張、楊配合他的計畫，把東北軍和十七路軍全部投入陝北前線，以圖畢其功於一役。

領導東北軍的張學良和西北軍的楊虎城，在陝西西安臨潼華清池突然發動「兵諫」，劫持當時的國民政府軍事委員會委員長蔣介石，意圖迫使他改弦易轍，終止「攘外必先安內」的政策。「兄弟鬩牆，外禦其侮」，面對步步進逼的強鄰日本，國共停戰，聯合抗日，似乎變成了當時全民的一致願望。

但事情並沒有這麼簡單。作為國民政府的領導人，蔣介石的想法是，抗日既是國家的總方針，大前提首先必須是在政治上實現一個統一的中國，才能凝聚全民意志，「外禦其侮」。而共產黨卻是一個在中國內部割據一方的「叛亂團體」。從一九三一年十一月在江西建立的「中華蘇維埃共和國」（江西蘇維埃）開始，共產黨的目標就不只是要建立一個「國中之國」，而是要把「革命政權」發展擴大，最後席捲全國。

為達成政治統一，蔣介石接連發動了幾次圍剿紅軍的行動，但都無功而返。到了第五次圍剿紅軍和共產黨，終於獲得成效，一九三五年，紅軍在江西的反圍剿行動失敗，被迫進行「二萬五千里長征」的大潰退。傷亡慘重。潰退到陝北的紅軍只剩下幾萬人。而此時紅軍領袖張國燾又帶領一批軍隊出走，另立中央，留在陝北的紅軍剩餘不到兩萬人，共產黨在陝北的根據地，已處於危急情勢。對照之下，在西安事變前夕，包圍剿共的中央軍、東北軍、西北軍加起來，兵員超過三十萬人。

在這種眾寡懸殊的情況下，為什麼張學良、楊虎城卻要發動西安事變呢？這一直是困擾著近代史家的謎題。

對張學良來說，日本無疑是有殺父之仇的。他的父親張作霖是被日本特務在他的專列火車抵達瀋陽皇姑屯時，在南滿鐵路交叉道放置炸彈炸死的。可是九一八事變時，張學良採取的卻是退卻避戰的政策，這使他在全國贏得「不抵抗將軍」的罵名。他領導的東北軍，讓日本軍隊輕易奪取東三省，在輿論指責下，灰頭土臉，很不好受。當時有傳聞說，張的「不抵抗」政策，是奉蔣介石一個祕密電報（銑電）而採取的。但不論如何，蔣張關係如同父子，在北伐之後，蔣對張尤其倚重，而張對蔣就像是對待自己的父親一樣。

九一八事件後，南京政府的一些軍事將領，如商震、宋哲元等，對張學良這個吸毒成癮而又沉迷於酒色的紈綺子弟，是否有能力應付日本關東軍的入侵，非常懷疑。他們敦促蔣介石必須親自去指揮抗日。一些名流學者，如胡適、丁文江也都公開質疑張學良的軍事領導能力，呼籲政府要拿出負責任的態度，不能一味姑息。

果不其然，在熱河遭遇戰中，號稱三十萬大軍的張學良部隊，面對幾萬兵員的關東軍，在很短的時間就遭潰敗。日軍只派了一二八名騎兵突擊隊就攻佔了熱河省會承德。這不免使人懷疑，蔣介石根本無心對付日本，只是把東北軍擺在那裡充樣子。

事實上，從九一八事變的「不抵抗」，到一九三三年的《塘沽協定》，到一九三五年的《何梅協定》，都是對日姑息讓步，出讓華北利益的舉措。這段時期，蔣的用心所在是要對付共產黨的勢力。

大家心照不宣的是，東北向來是土匪盤踞之地。張學良從他父親張作霖那裡繼承的東北軍，本身其實就是一支最大的土匪部隊，由土匪據地自雄，成為軍閥，一旦遇上裝備精良、受過正規訓練的日本關東軍，就不堪一擊。別說對抗日本的現代化部隊，就是為爭奪鐵路權而與蘇聯軍隊交戰，也是一交手就敗下陣來。儘管如此，蔣介石對張學良還是疼愛有加，不但一直為他護短，為他的「不抵抗」找理由，例如糧食補給不足等等，而且還委託澳大利亞籍的顧問端納（William H. Donald）幫助他戒毒，送他出國避風頭，到歐洲去周遊列國。

張學良在歐洲周遊返國後，起初獲得的任命是豫（河南）鄂（湖北）皖（安徽）三省剿共總司令部副司令，這個剿共總部先設在漢口，後移武昌，總司令是由蔣介石兼任。不久這個總部撤銷，改設為軍事委員會蔣委員長的行營，仍在武昌，張學良的頭銜是行營主任。到了一九三六年四月，武昌的委員長行營結束，由西北剿共總部取代，地點設在西安，仍然是由蔣委員長兼任總司令，張學良任副司令。

中共所謂的「二萬五千里長征」，就是由江西而湖南而貴州而四川，到達陝西陝北的一段路途。國軍追擊，紅軍逃奔。剿共總部也是由最初的（江西）南昌行營，順勢遷移到武昌（豫鄂皖「剿總」），而繼武昌行營後，在西安設立的「西北剿總」，在蔣介石心目中，應是剿共工作到了最後階段。所以西安事變的發生，當然使他特別惱火。

蔣在南京的職務無法分身，把剿共的指揮權交給張學良，這樣的安排是否明智？蔣如此一而再，再而三的「器重」張學良，是否也有什麼不可言說的理由，值得後世史家推敲？（只因在北伐後期，張學良率東北軍「易幟」輸誠，幫助成就了蔣的北伐事功？）

然而，西安事變畢竟是如此的突如起來，國民黨和共產黨當下的反應，同樣都是不知所措的。張學良領導的東北軍，是因無法抗日復仇而不滿嗎？張學良是受到共產黨「聯合抗日」、「槍口對外」的號召，而一時衝動？還是派去剿共的東北軍由於是非嫡系部隊而受到差別待遇？或是受中央軍的排擠而生怨尤？作為事變起因，這些因素似乎都言之成理，但是否就是真正的觸發動機？或許仍值得深究。

西安事變從發生到結束，為時不到半個月，南京高層何應欽等軍政領導人調兵遣將，制定軍事討伐計畫，蔣介石的親人宋美齡、宋子文展開營救談判，外國顧問端納周旋其中，中共代表周恩來參與斡旋。幾方面的互動，快刀斬亂麻，對蔣個人來說，終於化險為夷，但也付出不小的代價。長遠來說，這使得中共從此能在「聯合抗日」大帽子的庇蔭下，迅速發展壯大。

親歷事變的中級軍官

交涉談判中的各方要角，歷來都是史家分析關注的對象。但若是從捲入事變的中級官員和部屬的角度去看，他們對西安事變的經歷和感受又是如何？這似乎也是值得深究的。

我父親閔湘帆就是親身經歷過西安事變的人。在事變發生之前，他曾奉張學良之命，赴東北軍在中國西北的各個防區視察，除了收集軍需補給的資料，他對部隊的實際處境和軍心士氣，也有第一手的瞭解。

父親畢業於軍需學校，他在軍隊的財務核算與補給調度方面，有特殊才能。長官與同僚都公認他是一流的人才，擔任重要的職位，卻是中等的官銜。我父親起初是在南京政府行政院軍政部（後改名國防部）軍需署任職，一九三二年奉蔣委員長之命，調到豫鄂皖總部任經理處處長，此後隨著情勢變化，總部變成行營，行營又改為總部，最後他在「西北剿總」擔任第二處處長。從調任到「豫鄂皖剿總」開始，張學良一直都是他的直接上司。在豫鄂皖總部，張是副司令，我父親是經理處長，在武昌的委員長行營，張是行營主任，我父親是第二處處長。最後在「西北剿總」，我父親依舊是張的第二處處長。朝夕相見，父親盡心竭力地工作，深得張副司令的信任。

在豫鄂皖總部，當時部隊中吃空餉和長官擅自克扣軍餉的情形很嚴重，張學良很關心這個問題，但他沒經過調查就以為問題是出在軍需身上。有一次在舉行擴大總理紀念週的集會上，張隨口便說，當軍需三年就可以抓來槍斃。這句話傳到經理處父親的耳朵裡，他大不以為然，高聲抗議說，長官關心軍餉是應該的，但說當軍需三年就該槍斃，這太虧負人心，我閔某人自北伐追隨總司令，自信做到糧餉準時，涓滴歸公八個字，今天出席紀念週的各部隊都是證人，怎麼可以顛倒是非？

此時有一位炮八旅喬旅長聞聲趕來解釋。喬旅長是東北部隊炮兵戰將，駐防武昌，很得張學良的信任，所以經他反映後，張副司令立即過來向閔處長道歉。從此父親「獅子吼」的嗓門，在軍中留給人深刻的印象。

張學良對我父親的工作似乎很滿意，時有好評。據他人轉告，張也時常在一些東北軍老將面前，指著父親的名字，頻頻稱許。

例如，在西安事變前，東北軍老將，第一〇五師師長劉多荃將軍說過，「副令對老閔印象很好，副令說交到了一個新朋友，咱們原來的幾個老軍需都不如。」

在西安事變期間，六十七軍軍長王以哲將軍曾說，「若不是閔某做人沒話說，這回事變是沒有命的了，咱們是早已研究過的。」因為父親的職務是中央（蔣總司令）調派的。

在西安事變後，有騎兵軍軍長何柱國將軍到奉化見過張學良，回到南京後對我父親當面說：「副令對您非常關念，問我現在老閔怎樣了，我已把您的現狀告之，他歎一口氣說，『我對不起他，咱們相交一場，只落得如此下場。』」

父親雖有感於長官眷念僚屬的厚意，但也痛惜張學良的一念之差，把國家搞到這樣的地步。這是否就是常人所說的東北人好「捅漏子」的性格，情緒激動起來就不管三七二十一，先「捅」再說？

但父親確實相信，事變並非出於預謀，而是臨時起意。因為事變當時，東北軍都在剿共前線，要到事變發生之後，才急調一部分軍隊回師西安。父親在那段時期與張學良朝夕相處，張副司令在起事前和起事後，曾與山西的閻錫山將軍祕密商議過，但閻是老謀深算，虛與委蛇，實際是各懷主意。閻雖憂慮日本對華北的圖謀，也認為蔣傾全力來打剿共內戰十分不智，但他並不贊成公開反蔣，逼得張學良最後只好放棄與他商議：「我決不讓老閻作這一票買賣。」張自以為是一腔忠憤，卻無法得到閻錫山的認同。

對於事變的發生，一般人總認為，張學良是少年得志，率性而為。張學良十九歲那年，從他的軍閥父親張作霖辦的軍校「講武堂」一畢業，即被任命為旅長，那年年底被提拔為陸軍少將。雖因無能丟掉了整個東北，一九三六年他還不到三十六歲，就已晉升為陸軍一級上將。

我父親覺得，最高統帥對待張副司令一定是太好了，把他寵壞了，平時親密的程度，情同父子，張學良也就恃寵而撒野，非要委員長屈從其意不可。殊不知以他當時的地位，兵變也好，兵諫也好，個人的魯莽行動對國家卻有深遠的影響。

代表張學良視察西北

事實上，在事變前大約兩個月，一九三六年十月上旬，張學良就以電話召我父親去面見。

他表示，不知東北部隊在前線的實況，他想親自去看一看，又分不開身，派別人去又不放心，所以要我父親去跑一趟。對父親來說，長官交代的任務，自然義不容辭。奉到指示，就按照與他職務有關的事項，包括後勤業務，軍容士氣，兵員馬匹武器彈藥，以及服裝糧秣陣營用具等項，擬定視察的綱要，每到一處視察完之後，還要徵詢部隊長的意見，連同視察所得，歸來後一併呈報。

父親認為，張副司令與部下談話有兩個好習慣，其一是他講完話交代了任務之後，就要聽命的人複誦一遍，無誤之後，才算結束，以免有所偏差。其二是他講完話，時常要反問聽者是否有話要說，務必確認聽者明瞭他的意思。這次討論父親所擬的視察綱要，也是如此。談完後，副司令面授機宜，父親也照例來一個複誦無誤後才離開。張學良隨即發電文給各個部隊長，要他們遵照指示，接受視察。電文末了還加上「如良親臨」四個字。

我父親回到經理處，就邀集高級幕僚，商定視察團人選，計有隨行科長張文彬和其他同事三人，都是在東北軍中服務很久，熟悉部隊事務的人。一行五人，辭別了張副司令，即時出發。前線的防區遼闊，部隊駐地又分散，因此到達各個駐地和離開的日期，都需事先由經理處擬定日程，分別知會各部隊，以便他們在時間上能夠配合視察團的行程，而且還須說明視察團的食宿，因在交戰地帶，無法自理，只有仰賴各部隊代辦，但會在視察團出差旅費中支付他們的墊款。行車用的汽油，只有就地借用後，再請他們自行列報補還。父親不愧是軍需出身，在這些方面都設想得很周到。

視察的行程是按當時部隊的駐地分布，從西北剿總的駐在地西安出發，經咸陽、涇陽、三原、耀縣、銅川、金鎖關、宜君、黃陵、橋山、黃帝陵。交河口而到洛川。洛川是陝北的重要據點，北距延安大約只有一百公里。據父親的瞭解，在北洋政府時代，沒有鎮守官署的駐地叫做柳營，這是取義於漢文帝時周亞夫所稱細柳營的意思，視察團就在這裡住宿。

視察團行程的另一線是由咸陽向西行，經醴泉、乾縣、永壽、長武、涇川、而至平涼、瓦亭，向北到固原雲霧山，深入紅軍駐紮區。固原城是西北的古跡之一，老百姓一般稱作骰子城，北西東南有四個城門，分別稱為甕城，也就是城門外築的圍牆。城內有一個類似法國巴黎凱旋門似的建築。清代甘肅省的提督軍門，就駐節在這個號稱三邊重鎮的固原城，每隔三年巡邊一次，其餘的時間是由三邊駐軍每年來此向提督軍門述職。固原北門城外，宋代是楊家將的大營。在我父親去到的時候，仍稱作大營。大營一直往北，則有二營、三營、……直到七營。當時七營是面對紅軍佔領區的最前哨了。視察團一行和駐軍首長分乘兩輛吉普車，在沒有事先通知的情況下，就驅車直往。但七營那時正在對敵作戰，駐軍首長擔心，冒著炮火直接闖過去，會發生危險。父親表示並不懼怕這樣的情況，他們也就轉憂為喜，下令檢查車輛狀況，沿途加速行進，不能停車，直趨七營。以免停下來會讓共軍瞄準目標，白白犧牲。沿途見到的是渺無人煙的一片荒地，屋舍都成廢墟，偶爾還聽到遠處畢剝的槍炮聲。

到了目的地，發現七營所在地是一方形土城，視察團一行人登城北望，還隱約可以見到敵軍人形閃動。守城部隊指揮官說，前幾天敵軍還逼到城下，他們兵力單薄，不敢出擊，只能據城自守。這樣相持了幾天，對方毫無動靜，才發覺敵軍正在挖地道。地道挖到城牆腳，恐怕就要埋炸藥炸城。守軍大為驚恐，如果城牆被炸毀，他們就無險可守了。為對付這個情況，只好急速收集石塊重物，看准疑似的目標，向下投擲，投了又投，忽然轟隆一聲，土地下陷，原來已經投中敵軍所挖掘的地道了。

當晚敵軍逃遁，守軍巡線察看，發現地道內還有敵軍人員頭部胸部被下陷的泥土壓住，仍露出腳腿，但敵軍也無力拖出，只有倉皇棄屍而去。守軍指揮官邀我父親到城外巡視，果然見到塌陷的地道泥土上的腳腿，估計前後也還有屍首被埋葬在地道內，守軍也沒有時間與人力去挖掘。

這時敵軍的槍炮聲愈來愈密集，似乎已偵查到父親一行人的到來，守軍頻頻催促視察人員回城，以免發生危險。於是匆匆結束了七營之行。守軍指揮官在父親面前曾指出，在那裡駐紮的東北軍，與紅軍是勢不兩立的，他們也早已置生死於度外，父親的觀感與之前他所聽聞的東北軍與紅軍相互有默契不交戰的說法，似乎不同。

在視察慶陽合水一帶時，父親對那個地區的情況，大為吃驚。在慶陽東邊的合水，雖是縣城，但頻年遭到戰禍，已是殘破不堪，隴畝荒蕪，盡是枯草。只有阡陌荒地，卻無農作物，人煙稀少，除了茅屋土坑之外，毫無衣物。父親眼見的景象，簡直令他難以置信。不但家無長物，甚至衣架、炊具也沒有，真不知如何過活。

有人告訴父親，以前還有匪徒的聞香隊出沒，但到那時已經無香可聞。如果有一家人燒柴火煮東西，則遠近四鄰都羨慕不已。做好的饃饃，立刻藏在屋內的土窖裡，怕匪徒來劫走。就為了這一丁點食物，還得與匪徒捉迷藏，匪來則逃，匪去則返。依靠劫餘的窖藏延續生命。這種生活已經夠苦，但若說苦中之苦，還不止此。當地政府只要見到還有人，就要催收田賦，土豪劣紳，還要剝削鄉民，鄉民求生無路，只有逃荒避賦，逼得無奈，只有投匪，靠搶劫維生。這是為什麼匪徒越剿越多的原因。

父親率領的視察團一行人來到慶陽時，發現慶陽也是一個歷史悠久的古城，位踞高崗，城牆曲折蜿蜒，氣勢險要。唯一的缺點就是缺水，自古以來居民飲用的水是取自環城河，從城牆牆腳鑿洞引水入鵝池。因此鵝池也成為慶陽唯一的名勝古跡。駐守慶陽的是第一〇六師，師長名沈克。但這個師卻不屬於東北軍的任何一軍，而是一個獨立師，以前曾是軍閥石友三的舊部。（石友三在蔣馮（玉祥）戰爭時投靠蔣介石，一九二八年他的指揮部曾火燒少林寺法堂）。

父親一行人一到慶陽，不等一〇六師師長來接，就先到師部拜訪，令沈師長很感動，洽談甚歡，談到後來愈見親近。沈師長對父親說，當面的敵軍，就憑他一師擋住。左與固原方面的友軍，右與洛川方面的友軍，遙相呼應，但也僅能呼應而已，不能聲援。那是由於當地特殊地形的緣故。西北地方多立土，有時看似平原，對面可以見到人或互相喊話，實際上立土中間有裂溝。裂溝長達數十里，有的裂縫寬度只有十餘丈，但垂直的溝壁有如刀削，而且縱深度極大。所以雖能喊話，繞道卻困難，若非熟悉當地地形，實在難以行軍。沈師長說出的實際情況是，他們的兵員有定額，對方敵軍的增減變化或多或少，卻難以臆測，所以必須謹慎提防，不能失敗，失敗就被敵軍吃掉。但也不能趁勝追擊，因為他們沒有後繼援軍，倘若被敵軍反撲反攻，就會轉勝為敗，這是他們的困難處境。敗固不可，勝亦無功，他們的師既非中央部隊，又不屬東北軍系統，因此只能維持自身存在，不被淘汰而已。父親聽到這個實情，也只能在口頭上鼓勵勸勉而已。

沈師長感歎的說，屬於東北軍的第一〇九師和一一〇師，兩師作戰失敗，師長陣亡，張副司令電請中央補充兵員，得到的答覆是兩師番號予以撤銷，不予補充。請求對陣亡師長的撫卹，也得不到批准，更別說師長以下的部屬了。他指的是東北軍第六十七軍一一〇師一九三五年十月初從延安回防甘泉，在大小嶗山受到紅軍伏擊，師長何立中陣亡的戰役，以及同一年十一月，東北軍第五十七軍一〇九師在陝西直羅鎮受紅軍圍攻，造成大量兵員折損，師長牛元峰陣亡的戰役。

張學良為自己的陣亡部隊官爭取撫恤而受挫，反應是激動的。在「西北剿總」，當我父親將南京中央批駁張學良的「特恤令」電文交到他手裡時。他曾氣憤地說：「我張某人已混到這種地步，連特恤十萬元都不值了。」

沈師長喟然表示，中央政府對東北軍尚且如此，對他們這種雜牌部隊，張副司令即使想要照顧，恐怕也無能為力。所以他們師如遭不幸，下場更不如東北軍。言下不勝唏噓。足見那兩師戰敗的後果，對軍心士氣，頗有影響。父親只得鼓起勇氣，再為勸解。父親強調他是中央派來的，張副司令對他也非常信任。他回去後提報告，一定會使下情上達。沈師長才面露喜色，彼此盡歡。

然而，可惜可歎的是，父親回到西安，不數日西安事變發生，一切情勢改觀，沈師長對他的寄望，他也無法達成任務。

呈遞報告，略感蹊蹺

父親服務公職有一個習慣，就是總要依照規定辦事，於限期內辦出，桌上儘量不留積壓公文。數十年來，一直保有這樣的習慣。父親到西安的「西北剿總」工作，經管財務，也是將發給各部隊機關的經費，依照規定，於第二個月十五日以前，分別向本部長官及軍政部審計處，清結帳目，從不延期。

此次父親奉命視察東北軍各部隊的後勤業務，每對某一部隊視察完畢，就停留一天，將應該報告的事項以及建議各點，都繕寫清楚，每一部隊訂成一冊，連同部隊的編報表冊，裝訂成一份完整的報告，另外又加寫了一份提要，將重點簡明列出，放在卷首。等到父親一行人到各部隊視察完畢，又在咸陽多留一天，整理全部報告，連同部隊原件，每個部隊一份，一共有十多份。為了方便長官閱讀，又寫了一份「視察各部隊報告」的總提要。然後由咸陽回到西安。

父親當天就打電話向張學良報告，請示何時可以晉見。張副司令立刻就要父親去見面。他對父親帶去的全部視察報告和有關每一個部隊視察要點的提要，很感滿意。後來參謀處（第一處）處長徐方將軍告訴父親，張學良把報告交給他時，對父親大為讚賞，說父親提交的報告，又詳細又簡明。視察的旅途時間緊湊，回到西安當天就呈遞報告，這樣的工作效率是他前所未見的。

父親略感蹊蹺的是，這次見過張副司令後，似乎就沒再見過他。父親視察歸來，對出差期間自己處內的業務需要瞭解，也要同其他各處溝通。而我母親正好就在這幾天從南京來西安遊玩，到十二月十一晚上，才由西安乘坐隴海鐵路火車返回南京。誰知第二天清早，一轉瞬間就發生了西安事變。

黎明，報恩寺街

父親回想起來，事變前夕確實是懵然無知的。他送母親上火車離開西安後，回到報恩寺街的寓所，在天將黎明時，家中的軍用電話忽然響起，是第二處宿舍同仁打來的電話，說街對面的中國農民銀行，大門被楊虎城部隊的士兵打開，入內搜查，恐是兵變。

同仁問父親，如果那些士兵闖入第二處，應該如何對付。第二處駐有守衛士兵一排人，若受到攻擊，是否要抵抗？這是一個緊急的現實問題。父親的答覆是，暫時先閉門堅拒，等他先向張副司令請示後，再以電話聯繫。

父親隨即搖軍用電話與副司令通話。父親是受到張學良器重的，電話打過去，無論副司令身在何處，總是找得到他來講話。電話接通後，父親報告了當時情況。他問副司令，若受到攻擊，是否抵抗。副司令唯唯諾諾，表示已知道情況。但他只是說，「他們不會來的。」

父親不久又再去電請示，這次張學良答覆，「我現在很忙，你不要管好了。」電話就掛斷了。

這是十二月十二日清晨，天色已亮。父親的住所與第二處辦公室相距不遠。他剛要出門前往，恰好處內同仁來到他的住所，神色慌張地入門細聲說，楊虎城部隊來農民銀行不是搶劫，只是派兵把守，對第二處的守衛士兵也以友軍相待，並不攻擊。但對中央方面的人員卻不客氣，正在到處抓人，聽說委員長也被他們請來新城綏署了。那是指設在新城的西安綏靖公署，楊虎城一直都是綏靖公署主任。也即是說，他們把委員長也劫持了。

第二處內的同事勸父親不要出門，免得被人認出是中央派來的人，而被抓去。結果一整天父親都不敢出門，幸而他處內的同事時來寓所，他才約略知道一些消息。父親處內同事有兩部分人，一部分是中央調來的，一部分是東北軍方面調來的。這些不同背景的人，生活在一起，平時彼此都很友善，對父親也和好，感情相當融洽。發生事變後，東北軍方面的人，由於口音相通，在街上走路也不會惹上麻煩，所以他們從東北軍部隊那裡傳回的都是第一手的消息。

華清池的槍聲

情況大致是這樣的：驪山北麓的華清池溫泉區，給蔣委員長作為臨時行轅。蔣本人下榻於慈禧太后曾住過的五間廳，保衛他的侍從人員住在隔鄰的三間廳。在十二日凌晨，忽然受到一隊人從外面攻入。蔣的侍衛隊以三間廳建築物為屏蔽，奮力抵抗，發生激烈槍戰。侍衛隊長蔣孝先被叛軍開槍打死，侍從主任錢大鈞將軍，也胸部中彈倒地。委員長在寢室內被槍聲驚醒，來不及換下睡衣，穿著拖鞋從後窗逃出，在翻越後牆時，拖鞋掉到牆內。他光著腳跳下牆外的深溝，摔傷了脊背。由侍衛人員蔣孝鎮攙扶他上山，藏身在西繡嶺的一塊巨大的虎斑石旁邊的草叢裡。這時他雙腳被草叢荊棘刺破，也無法跑遠。攻進五間廳的兵士，見不到蔣的身影，引起一陣緊張。指揮官立即派一隊人去後山搜索，不久就找到委員長的藏身處，將他捕獲。據說委員長睡衣外只披了一件薄睡袍，在寒冬清晨，冷得不斷發抖，由張學良的衛隊營營長孫銘九揹他下山。

另一方面，也在這一天凌晨，駐守西安的楊虎城部隊十七路軍人員，聽到臨潼傳來的槍聲，也開始行動。到了七點半鐘，已將城內大部分的中央衛隊解除了武裝。

住西安城內西京招待所的中央黨政軍大員，在叛軍破門鳴槍而入時，都還沒起床，這些人在室內被一網打盡。這時，住在樓上的國民政府委員邵元沖正在上廁所，聽到槍聲就快步走到樓梯口，見到叛軍就怒聲吆喝：「你們要造反嗎？」叛軍士兵一聲不吭，瞄準他就開槍。邵元沖應聲滾落樓梯而氣絕，血流滿地。他是黨政軍大員被叛軍在西京招待所射殺的唯一一個。其他人如軍事參議院院長陳調元、內政部長蔣作賓、軍政部次長陳誠、西北剿共戰區司令衛立煌和接任的蔣鼎文等將軍，都被就地拘禁。陳誠被拘捕時略有掙扎，頭髮被拔掉了一把。

陝西省政府主席邵力子，住在省政府內，叛軍搜捕時，藏在辦公桌下，兩手捧著字紙簍罩在頭上。因為他身材矮小，搜索的士兵遍尋不得，最後是瞥見辦公桌下的字紙簍在抖動。走上前去俯身探視，才發現邵主席躲在那裡。散居其他地方的南京派遣的陝西軍政官員，也分別被尋獲拘禁。國民黨省黨部，電報大樓等建築物，都被佔領。

上午九點左右，蔣委員長被押送到西安。光著頭沒戴帽、穿著長袍沒穿襪的他，在幾名衛兵跟隨下，走進綏靖公署的新城大樓。後來，孫銘九又到華清池蔣的廂房裡去尋回他匆忙逃走時沒來得及戴的假牙，以便進餐。兩天後，委員長被移送到張學良住的公館內。

這些零星消息後來不斷傳出，讓人覺得，委員長作為一國最高統帥，必定是感到萬分羞辱憤慨的。

密室窩藏江科長

十二日當天下午，正當父親自己困在寓所時，有一位總部調查科的江雄風科長突然跑來，滿臉驚慌之色。父親請他進門後，立刻瞭解江科長所處的困境。由於調查科是屬於特工性質，是聽命中央負責監視和情報工作的，為當時所不容，若被叛軍捉到，恐怕性命難保。江科長逃到父親的住所，尋求庇護，也是萬不得已。父親看在同事關係的分上，自然義不容辭。但如何把他藏起來，卻頗費周章。父親自己已是泥菩薩過江，自身難保。他已不能外出找朋友，或托人傳信。江科長更是不能露面。父親無法留他在家裡，但他若出門，就是絕路。為了公誼私交，父親不忍坐視不救，可是當時的處境實在危險萬分，非身歷其境的人不能瞭解。

父親左思右想，心生一計，立即手搖電話請總機接第二處，找到陳九如秘書。父親在電話上以長官的身分，請陳秘書即刻到父親家裡來。陳九如是第二處唯一的秘書，住在處內。他對當地的情況很熟悉。父親先讓江科長進到房裡坐，以騰出客廳接待陳秘書。陳秘書來到後，迫不及待地報告市面情況，果然正在到處抓人，氣氛恐怖。他勸父親千萬不可外出，但父親的住處是否就能確保平安，他也沒有把握。到此地步，父親只能坦白對陳秘書說，家裡來了一位中央人員，留既不可，出有危險，應如何是好，必須想一個妥當辦法。陳秘書立刻表示，萬萬不可留在處長家中，因為據他研判，父親的住所早晚一定會來人，一旦被認為在家中窩藏要犯，父親就更是罪上加罪了。父親與陳秘書再三商討，終於想出了一個辦法。

原來父親寓所的斜對面是他的部屬徐科長租住的房子，而徐科長這段期間正好請事假回寧波去了。本來幾天就要回來，可是現在道路不通，未必回得來。徐家當時只有一個由家鄉帶來的中年女傭，父親請陳秘書先到徐家察看，以安定女傭心理和情緒。陳秘書告訴女傭說，徐科長有一個朋友來了，要住上幾天，外邊市面不太平，現奉處長之命，請將他留下來，但不要對人說。陳秘書還向女傭表示，每天食住費用由他負責。女傭也知道市面情況紛亂，一口答應下來。

陳秘書從徐家回來，交代了所作的安排後，父親請房內的江科長出來見面。江科長不待父親介紹完，就屈膝答謝救命之恩，他已隔著牆壁聽清楚了父親與陳秘書兩人的對話。三人商定，等到天黑黃昏的時候，看準路上無人，就三步做兩步，迅速跨過並不寬的街道，進入徐家大門。原來徐家的臥室隔壁還有一小間密室，可由臥室床前兩個大衣櫥裡面的板壁進入。密室內只有一張空床，旁邊一些柴草而已。江科長不敢睡在床上，而是將棉被鋪在床下，用柴草掩蔽。

這是在事變當天的黃昏時刻。父親和陳秘書認為一切都安排妥當，心理也如釋重負，感到安慰。第二天，也就是十二月十三日黎明時，有人來敲門，一排兵來到父親家門口。帶隊者向父親立正敬禮，說是奉參謀長命令來保護處長的。外面街上很亂，請父親不要出去。父親應對說，我家房子小，前一進的房屋和兩邊的廂房都可住，大家就擠擠吧。客套話說完，父親表示，他可以不出門，但處裡的人是要來的。做了這樣的約定，父親心想，真是好險，幸虧江科長已離開他家，否則不但江科長沒命，父親也必會受到牽累。

一排人忽然來到家中「保護」，心理壓力不小，而且軍需官出身的父親，也考慮到張羅一排人的吃住，還牽涉到柴米油鹽的問題。父親一連幾天，足不出戶，派來的士兵對他卻非常客氣，禮貌周到，對父親處裡來的同仁，既不過問，也不監聽他們的談話。令父親寬心不少。

「西北剿總」換招牌

到了十二月十五日，終於有人來到父親的住所，說是奉副司令之命，請處長去見面。來人表情嚴肅，軍禮周到，父親心裡不免嘀咕，是否就要發生什麼大事。如果此去是要赴死，也要從容而行。父親一言不發地回到房間內，整肅儀容，換上正式軍禮服、佩刀、佩勳章，全副武裝，心想如果命已該絕，就以全副武裝赴死。他心無雜念，只覺得國運至此，自己命也該絕。上車之後，在來人護衛下，汽車一路開進總部大門。父親發覺，原來「西北剿共總司令部」的木製機關名牌已經換掉，換成什麼名牌不及細看，車已入內，一直開到張副司令原來的辦公室門外。衛士入內報告閔處長到，父親隨即被招呼入內，來到張學良面前立正敬禮。

張副司令見父親表情嚴肅，立即趨前招呼說：「老閔，這幾天把你辛苦了。」

父親答說：「沒有。」

副司令又說：「你還是幫忙我，好好的幹。」

父親回答：「我已經交卸了。」

副司令聽了不以為然。

沒等他說話，父親就接著說：「這樣也好，可以清理清理，我的交代容易辦，董參謀長已派總部糧秣處張政枋處長來，已經接事了。」

父親平時辦事，都照規定依時辦理，所以交接起來並不困難。他向張學良報告，第二處的交代，最重要的是金錢，都是天天結清楚。張處長來接事時，他把帳簿翻開，給張處長看，帳簿上的結存數，其中銀行存款在中國農民銀行，現款在本處鐵櫃內。存款和現款兩筆加起來，就是結存款，因此現金方面是一目了然的。

至於會計報告，父親說：「依照規定每月報表一定在下月十五日前報出，因此十月份報表已於十一月十五日報出，副司令諒必看過，十一月份報告，原定十二月十五日報出，因為十二月十二日有了事，十五日未能報告，現在很容易辦好，至於十二月份的十二天，接著就會辦好。」

張學良聽父親說清楚之後，接著說：「辦好交代後，仍舊要再幫忙。」父親只好說：「等辦好後再報告。」張點頭同意，並差人找參謀長來見，父親就退下。

父親坐車進入總部大門時，注意到「西北剿總」的名牌已被換掉，那是因為事變發生後，十二月十四日張學良宣布撤銷「西北剿總」，另成立「抗日聯軍臨時西北軍事委員會」，由張學良、楊虎城分任正副主任。單位已改換，父親自然必須辦交接。

隨後父親見到的參謀長，已不是「西北剿總」的晏適剛將軍，而是第五十七軍軍長董英斌將軍。新任的參謀長從張學良辦公室出來，也對父親強調，辦完交接，仍需借重。彼此交談後，父親當初「戎裝赴死」的想法也打消了。原來只是虛驚一場。父親趁此機會對參謀長說，承蒙派一排兵來我家保護，本來很好，只是我家地方小，而且存糧無多，四十袋麵粉已經快吃完，維持不了多久……不待父親說完，董參謀長就搶著說，立刻會把他們撤走。於是表面上，父親又恢復了自由之身，悶在家中無事，出去看朋友，朋友也坦然相見。但父親在心理上仍然恐怕受到暗中監視，處處小心，不敢大意。

然而，情勢卻在迅速變化。本來十二月十五日曾表示辦完交接仍要父親留下幫忙的張學良，十天之後卻護送蔣委員長離開西安，一去不返。

父親得知這個消息是在十二月二十五日下午。辦完交接後他已是個無職務的閒人，當時他在總部第一處徐方處長家中閒談，忽然門外汽車一輛接一輛開過，開往機場的方向。徐方處長斷定委員長走了，因為前些天正在緊鑼密鼓磋商這件事。第二天果然證實如此。

策劃換裝出逃

對父親來說，一共兩星期，暴風雨般的來勢，鬧得天翻地覆。如今委員長已脫險，父親這個中央派來的現在已無職在身的閒人，應該也可以束裝離去了。可是父親去向董參謀長辭行時，卻立刻被拒絕。起先說是副司令就要回來，等他回來再說，父親只得退出。此後每隔一天或兩天，父親去提出要求，都被打回票。非但張學良沒有回西安，而且風聲一天比一天緊，氣氛詭異，似乎有備戰跡象。

遙聞中央軍已入關（潼關），東北軍和楊虎城的部隊要抵抗，對父親提出的離去要求，愈來愈峻拒。最後一次父親去見參謀長，發現這位董將軍似乎心緒不寧，態度也惡劣。父親一看情形不妙，萬一鬧僵了，又被「保護」起來，那就更不得了。所以和顏悅色地請求參謀長，既然不准他離去，就派點小事給他做，參謀長這才平息了怒氣。

父親雖算不上是什麼中央大員，但如果被當作一個人質困在西安，也是凶多吉少。只能故作鎮定，暗中策劃離開西安的辦法。

潼關以內的西北地區，本是東北軍與楊虎城部隊駐地。西安事變發生時，中央軍部隊比叛軍早四個小時進據潼關，堵住了出路。而潼關與西安之間的一條直路是經華陰、華縣、渭南與臨潼，有隴海鐵路與公路相通。中央軍部隊入關，與楊虎城部隊對峙於渭南臨潼一帶，所以父親要出關，是此路不通，而且是一路戒嚴，交通管制。即使想要走出西安城門，如無通行證，也不可能。

另外一條彎路是由西安經大荔到潼關，有公路可通，但楊虎城部隊的第四十二軍馮欽哉軍部，就駐紮在大荔。

幸而馮部派在西安的辦事處處長許海仙，他的兒子與父親的連襟王思誠，曾是幼年軍校同學。西安事變後，隴海鐵路第一次通車，我的姨父王思誠與我姨媽仝道英就乘車離開陝西東下。他們夫婦其實是化裝搭車逃離的。因為王思誠是擔任中央調查機關派駐西安的負責人。事變發生，他也屬於中央人員，也在搜捕之列。幸而事變前夕，他們夫婦剛搬了家。軍警按原住址前往逮捕撲了空，父親也只知道他們搬到某一條街，還不知門牌號碼。結果靠一個商人朋友龐武龍的協助，才找到他們的確切住址。若不是龐武龍尋到，他們藏身在屋裡，不敢出門，恐怕早已餓死。姨父姨媽化裝登車，臨行前，王思誠曾與許處長父子說過，如果我父親要往東走，請他們設法協助，他們滿口答應。

可是實際情勢的發展難以預料。隴海鐵路只通車了一次，就因兩軍對壘而暫告中斷。父親去找許處長商量。正好此時許太太想去大荔，鐵路不通，打算找汽車前往。父親立即表示，他有辦法找到汽車。汽車的來源就是本來第二處對街的中國農民銀行。銀行經理徐繼莊因業務關係同父親很有交誼，把父親當做兄長看待。現在，在戰雲密布的危城中，父親要用車，他即刻心照不宣地承諾提供銀行的汽車，幫助父親脫離險境。

父親同許處長約好，送許太太到大荔後，車繼續開到潼關。一切身分證與通行證等行車文件，都由許處長準備齊全，汽車和汽油則由父親提供。約定第二天天亮之前，父親備妥車輛，開到四十二軍辦事處許處長家。許處長說，因為父親並非陝西當地人，口音不同，所以沿途不要開腔，由他所派的一名副官，隨車照料。沿途遇到軍警盤查，即由副官出示證件，相機應付。

父親換穿了士兵軍服，車開到四十二軍辦事處，車上貼有戒嚴司令部的「戒」字通行證，證件上填的是許處長太太及小孩和隨行副官士兵各一人，由西安辦事處至大荔軍部。

人員上車後，由已經佩上勤務兵符號的父親來抱孩子，父親正好可藉此遮住半個臉龐，以防被人識破。一路上，逢到出城關卡崗哨，都由副官手持證明文件，下車交談。副官以陝西口音說話，通行無阻。沿途停車答話或只是一兩句話，揮手而過，很少細看證明文件。但父親在車上仍不免心情緊張，怦怦心跳。沿途見到戰地森嚴，瀰漫著緊張的氣氛。兩軍相持，只要有一聲槍響，就會萬槍齊鳴，兩軍各找掩體隱蔽。好不容易車開到分岔路，朝向大荔前進，總算穿過了一次隨時可能開火的戰場。對父親來說，這是一次驚險的經驗。開車的司機上海人，不是軍人身分，一路心情緊張，手腳都在用勁，大概油門踩得緊，剎車也剎得緊，快到大荔時，車子已冒煙出毛病了。車到四十二軍司令部時，趕快找修車技師檢查車子。

許太太母子下車，向父親道別，還以為父親只是到潼關辦事，還不知父親此行的目的是出逃。足見許處長守口如瓶，連在自己太太面前也保密。父親不由得不感到這位許處長的俠義之心。萬一事敗被捕，許太太母子肯定也會受到父親牽連的。車繼續從大荔開到潼關農民銀行，交還了汽車，銀行經理還留父親在那裡住宿一晚。

抵達潼關，父親終於恢復了自由身。

據父親在第二處的舊同事回到南京後告訴他，他離開西安的當天上午，就被發現「閔處長人不見了」。保安部門立即以電話通報前哨各單位，沿線捕捉。一下來消息，說捉到了，一下來消息，說起解了。到了當天下午，消息又中斷寂然。再一打聽，說是解回麻煩，已就地槍決了。第二處同仁無論是中央調來的或東北軍調來的，同父親感情一向很好，聽到這樣的消息不免落淚，但又不敢尋根究底再去打聽，免得被人懷疑與父親的出走有關聯。

有一位擔任「西北剿總」辦公廳主管情報和新聞的第六科科長的李金洲（紹珊）先生，在西安事變期間曾以張、楊代表的身分飛太原，與閻錫山共商大計。後來張學良護送蔣委員長回南京時，他也是隨員之一。多年後，他在臺北《傳記文學》上發表〈西安事變親歷記〉，曾提到我父親當年仗義救人的事，頗能顯現事變期間的緊張氣氛。當時西北總部調查科科長江雄風因工作性質關係，事變時也在被搜捕之列。李金洲說「江氏匿於第二處處長閔湘帆住宅地下室之柴堆中，得免於難。」實際上，他不知父親當時是悄悄地「移花接木」，把那位江科長藏在對街一位請假不在西安的徐科長家中。

據作者李金洲回憶，「閔湘帆氏同為委座所派任軍需處長，且軍需一職，亦為最易開罪於人之職務，但閔氏平易近人，與總部同仁、部隊長，相處極為融洽，事變後調充軍政部會計長，東北軍朋友有事相托，無不盡力協助，感情始終如一，可證事在人為，而非東北軍同仁對中央有任何歧視也。」

李金洲還描述了他們回到南京後，西安殉難人員的靈柩運回南京時的情景：

> 作者等被禁於挹江別墅時，在西安殉難人員之靈柩，已運抵南京，由通濟門入城，共約卡車二十餘輛，邵元沖為首，蔣孝先次之，卡車行列經過挹江別墅門前，江雄風兄與作者在樓上憑欄而望，江氏不由泣下數行，對作者說：「紹珊兄，我在西安匿於柴堆下，

被搜索三次，如被發現，亦將以身殉職，隨此列返京矣。國內連年不斷之內爭，不知製造幾多孤兒寡婦啊！咱們都是好朋友，今與兄約，從此不再作政治性工作，家有薄田數畝，尚堪溫飽，將老死於畎畝間矣。」（李金洲，一九七二：四八－四九）

面對變幻不測的時局，難免興起歸返田園的念頭，這似乎也是人之常情。然而，在戰火不斷蔓延擴大的環境，又有誰能確知自己的家園不會受到波及？

第二章

張學良——功過誰與評說？

東北軍的怨懟

父親對張學良的率性而為、魯莽行事雖然不能認同，可是另一方面，他在事變之前的視察之行，也令他感觸良深。

駐紮在西北地區的東北軍部隊，情況究竟如何？這個問題，歷來有不少揣測。東北軍對中央政府普遍不滿嗎？從我父親的視察所見，東北軍部隊的確是有很深的怨懟的，他們覺得中央政府對待部隊有嫡庶之分，他們的存在受到忽視，部隊兵員和槍械彈藥糧食補給問題，都有欠缺。兩個師打了敗仗，不但陣亡的師長家屬得不到撫恤照顧，餘部也不重整，番號撤銷，不予補充。同中央軍比起來，不能不使他們覺得受到不公平待遇。極端的反應甚至覺得蔣委員長是要藉剿共行動來剷除「異己」。

東北軍是「異己」嗎？從部隊人員在西安事變中對「中央人員」的普遍仇視，他們的自我定位似乎正是如此。

有一種說法是，表面上駐防部隊與紅軍對抗，實際上卻是彼此有相互不交戰的默契。此說廣為流傳。但父親視察發現，固守城池的守軍部隊與敵軍對峙，一方面兵員有限，對敵軍人數的變化難以預測，所以時刻須提防，不能被敵軍吃掉。即使抵抗來攻的敵軍，打了勝仗，也無法乘勝追擊，因為沒有後繼。友軍之間，在各自據點上所謂的呼應，實際是很難彼此出兵聲援的，這是由於西北地區的特殊溝裂地形。不瞭解這樣的地理條件，才會產生守衛部隊與敵軍之間有不戰默契的說法。父親在大西北所見到的固守城池的守軍和在「野」打游擊的紅軍的攻守形勢，事實上也是貫穿整個時期的國共內戰特色。

為誰而戰，為何而戰

在西北地區，駐防的東北部隊不滿於中央的差別待遇，他們有家歸不得，對日本的家仇國恨，加上不戰而丟失東三省的罪惡感，以及對東北故鄉的思念，不由得不使他們對自己的處境有時空錯置，時地錯置的荒謬感。

面對全國各地不斷高漲的抗日情緒，稍有知覺的人都會產生一種沉重的悲愴心情。他們的挫折與失落，反映回到勦共總部，無疑也影響到總部長官的心情和看法。經年累月，在大西北與紅軍進行無休止的拉鋸戰，對那些將領來說，不僅消磨志氣，而且也產生了為誰而戰，為何而戰的疑問。

就在前一年（一九三五），作曲家張寒暉目睹東北軍和東北人民在西安流亡的慘狀而創作了一首歌曲《松花江上》，唱出了「九一八」事變後東北民眾以至中國人民的悲憤情懷：

我的家在東北松花江上，
那裡有森林煤礦，
還有那滿山遍野的大豆高粱。
我的家在東北松花江上，
那裡有我的同胞，
還有那衰老的爹娘。
九一八，九一八，
從那個悲慘的時候！
九一八，九一八！
從那個悲慘的時候，

脫離了我的家鄉，
拋棄那無盡的寶藏，
流浪！流浪！
整日價在關內，流浪！
哪年，哪月，
才能夠回到我那可愛的故鄉？
哪年，哪月，
才能夠收回那無盡的寶藏?!
爹娘啊，爹娘啊。
什麼時候，
才能歡聚在一堂?!

東北人無論老小，聽了這首歌沒有不熱淚盈眶的。人非鐵石，東北部隊的戰士能夠毫不動容嗎？不僅東北軍，就是西北軍官兵聽了這首歌，也同樣會受感動，會為之血脈奮張。這種悲憤的心情，是根深蒂固的民族情感使然，這是無法抹殺的。理智上的客觀判斷與實地生存體驗所引起的反應是有差距的。以中日實力的對比來說，大家都承認實力懸殊的事實。可是在情感上，駐地的東北軍、西北軍官兵卻無法認同中央政府當時的拖延政策。純粹從數量上計算，駐防西北的部隊人數遠超過紅軍，可是父親前往駐地視察的結果，卻察覺到一種厭戰的氣氛。父親掌管軍需補給多年，他能感覺到，這不是一個「數字」能夠解答的問題。

剿共失利，東北軍兩個師的精銳部隊全軍覆沒，不能不令張學良懷疑單靠軍事行動是否就能消滅共產黨。而師長陣亡沒有撫恤金，不但令張學良憤憤難平，對東北將領的心理也十分難堪。父親指出，東北軍一些將領曾在張學良面前痛哭流涕的說，「我們已沒有機會死在對日作戰了，現在剿共，力戰也是死，不戰也是死，就在此地（西北）死定了。」頗有死得不明不白的意味。

毫無疑問，在軍事上，日本與中國實力懸殊。日本之所以不斷地挑釁中國，就是希望中國在軍事上沒有充足準備的情況下，同日本開戰。這樣，日本就能掌握全面的優勢，蹂躪中國而無須顧忌。但中國的領導人能夠繼續奉行「不抵抗政策」，無止境的拖延下去嗎？為什麼面對全民的憤慨情緒，反而要把槍口對內，繼續進行剿共戰爭？這些都是東北軍官兵心中的疑問。九一八事變後，蔣委員長曾向國人保證，兩年之後一定會對付日本，但九一八已過去了五年，卻仍然是一個拖字，「平定內亂高於一切」，這是永無休止的嗎？

張學良和楊虎城一九三五年年底到南京參加國民黨代表大會，受到冷落，對兩人來說，也是一大刺激。

西安事變雖非蓄謀已久，積怨已久恐怕也是實情。

在發動事變的半年前，張學良對中共中央關於「停戰議和，一致抗日」的通電（一九三六年五月五日）是認同的，對蔣介石要求他運用陝西、甘肅、寧夏三省兵力，擬定剿共計畫的電令（一九三六年五月十一日），卻有抵制情緒。

張在這一年五月下旬與軍政部次長陳誠到太原，與閻錫山商討的是「抗日」問題。張、楊兩人在西安市郊的王曲鎮成立軍官訓練團，輪訓東北軍和十七路軍軍官，而張學良以訓練團團長身分向學員訓話（一九三六年六月二十二日），就強調中國的唯一出路在於抵抗日本，對東北軍來說，抗日更是一個神聖使命。

這一年七月底，張親自創立了一個「抗日同志會」的祕密小組，自任主席，目的是要培養「聯共抗日」的核心幕僚，成員迅速增長。八月二十九日，陝西省黨部特務逮捕了在西安的東北大學學生代表，張學良聽到消息後勃然大怒，立刻派部隊去包圍省黨部，截阻逮捕行動。第二天他致電委員長說，省黨部逮捕東大學生的行動是「不信任學良」。

九月初，為積極培養抗日軍官，張學良在衛隊二營內設立了東北軍學兵隊的組織。在九月十八日西安舉行的「東北淪陷五週年紀念會」上，張慷慨陳詞，表示一定會率東北軍披甲還鄉，「雪恥報仇」。

從這一系列的發展，不難窺知張學良的心態。說他感情衝動也好，胸無城府也好，在當時的情況下，局外人或許難以瞭解他所承受的心理壓力。

然而，什麼是壓垮他的克制力的最後一根稻草呢？

涕泣諫諍，屢遭重斥

宋美齡事後在一九三七年一月曾發表《西安事變回憶錄》，提到事變發動者張、楊及其重要部將和在西安的部分中央官員，當日曾向南京政府發出通電，表示他們曾向最高統帥「涕泣諫諍，屢遭重斥」，因此才不得不採取「兵諫」行動。按當時情況來看，事變之前的兩個月間，到底累積了什麼「怨憤」呢？

十月二十二日，委員長在西安召見張學良，出示他的「剿共」計畫，張則勸諫「停止內戰，一致抗日」，蔣勃然大怒，斥責他這個副司令，身為軍人應以服從為天職。

十月二十八日，張在「西安圍城」十週年紀念大會上講話，指出中國目前的敵人是「日本帝國主義」。第二天，張又飛抵洛陽，同閻錫山一起私下勸蔣抗日，受到蔣的嚴厲訓斥：「是我服從你們，還是你們服從我？」

張在南京曾向端納訴苦說，他的家鄉淪陷，日本人在踐踏他父親的墳墓，他的士兵不願與共產黨人作戰，而是要去對抗日本，但蔣介石這個「花崗岩腦袋」卻無動於衷。

十一月二十七日，張又上書委員長，為抗日請纓，遭到拒絕。十二月四日，委員長從洛陽來到西安，張、楊再次向蔣勸諫，又受訓斥。

繼而三天過後，十二月七日，張學良驅車來到臨潼華清池，蔣的臨時行轅，就內戰和抗日問題同蔣進行了三小時的激烈爭辯。張指控委員長失信於民。本來在九一八事變時，蔣信誓旦旦地向國人宣告，必須有兩年的準備時間，才能抗日，但現在過了五年還未兌現，政府就好像一家喪失信譽的銀行一樣。究竟是要抗日還是退縮，還是向日投降，政府必須作一個選擇。然而蔣不為所動，會談成了僵局。

因而第二天，十二月八日，張、楊才密商，在楊虎城提議下，兩人決心探討「兵諫」的可能性。

接下來的一天，十二月九日，西安舉行盛大的紀念「一二・九」抗日學運一週年的示威遊行。參加遊行的大、中學生一萬多人，要求政府支援綏遠的抗日戰役。他們先到陝西省府，省主席邵力子出來安撫，勸他們回學校，又到綏靖公署求見楊虎城主任，也無結果。最後遊行隊伍決定前往臨潼華清池請願，受到省府軍警攔截，向隊伍開槍，打傷了兩個中學生。被激怒的委員長則發出最後通牒，下了「格殺」令，要求張學良執行。張不得不親自前往攔截學生隊伍，要他們珍惜生命：「我與你們是站在一條戰線上的，你們的要求也就是我的要求，再往前走就要被機關槍掃射，我不忍看到你們遭受傷亡。你們現在回去吧，」張學良保證一星期內會答覆學生的要求。說到激動處，他也涕泗縱橫，聲淚俱下。

第二天，十二月十日，張、楊到臨潼向蔣報告處理學生請願的情形，再次勸蔣停止內戰，又被老羞成怒的委員長拍桌大罵。十二月十一日，張又到華清池勸諫，依然無結果。

此時張、楊已察知，委員長及隨從在十二月十日同西北軍將領召開的聯席會議上，已決定撤換張學良，由蔣鼎文接任「西北剿總」副司令的職位，並決定把「剿共不力」的東北軍調到福建，西北軍調到安徽，由嫡系的中央軍進駐陝甘地區，來實現他的剿共計畫。對張學良來說，這樣一來，他想擺脫困境、打敗日本、收復東北的夢，就更加渺茫了。

這個觸動因素使張、楊在十二月十一日晚決定發動兵諫。

委員長按照他的剿共計畫做了兵力的調配部署後，本來是打算在十二月十二日離開西安的。十一日晚舉行的告別宴會，張學良去赴了宴，楊虎城則藉故未出席。他們已私下研判，華清池委員長的臨時行轅大約有五百名警衛駐守，西安城內第一憲兵團有一千五百人。此外，還有當年由康澤建立的「別動總隊」派在西安兩千名便衣特務，在西京招待所附近擔負偵查、監視之責。

張、楊商定的任務分配是，由張學良的警衛營和一〇五師負責逮捕蔣介石，封鎖西安到臨潼的交通線，下令駐紮甘肅蘭州的東北軍解除那裡的中央軍的武裝，控制蘭州機場上的飛機。西北軍楊虎城統率的十七路軍則負責逮捕住在西安西京招待所和附近的中央軍政大員，將城內的中央部隊、憲警人員解除武裝，並關閉西安機場。

先捉了再說

在十二月十一日午夜，一切準備就緒，張學良召集了東北軍高級將領與核心幕僚舉行祕密會議，宣布所要採取的兵諫行動。

會上王以哲軍長問，「捉住委員長，下一步怎麼辦？」

張學良回答：「先捉了再說。」

震驚中外的西安事變就是這樣開場的。

據趕到西安調停事變的委員長顧問端納後來的回憶，張學良曾告訴他，在決心與蔣攤牌的十二月七日那天，兩人爭辯到最後，蔣聲色俱厲地訓斥張，「現在你就是拿槍把我打死，我也不能改變圍剿共產黨的計畫」。五天之後，在西繡嶺山頭，穿著薄睡袍，在寒冬清晨發抖的委員長，對著前來搜捕的孫銘久說的第一句話是，「如果你是我的同志，就開槍把我打死，我要死在這裡。」

端納以前在東北時期，曾是張學良的好友與顧問，後來又成為委員長夫婦的顧問，在解決這件事上，他自然是最佳人選。但困難之處是，要讓委員長獲得釋放，他不但要說服張，也要說服楊虎城和其他將領，而氣急敗壞的蔣介石一開始也堅決不妥協，即使犧牲自己也在所不惜。根據端納的追憶，在那短短的兩個星期當中所發生的事，可以說是一幅五彩拼圖，情節曲折離奇。

委員長這一邊，在西安初被監禁時，曾經絕食兩天，躺在床上，氣憤地要看守的衛士把他殺掉，要不然就無條件送他回洛陽。他絕不會被迫接受任何條件，或與張、楊舉行談判。直到端納飛來西安，向委員長說明南京方面劍拔弩張的局勢，他才恍然大悟。如果南京決定派兵來討伐，派飛機來轟炸西安，蔣的處境必定會更加危險。本來蔣在寫給宋美齡的一封信中，曾表示他寧死也不受挾持，還交代了身後事。現在南京的新情況迫使他改變初衷。他的態度開始軟化，同意與張學良談判解決僵局。無論如何，在事變之前，張學良對待委員長的態度一直是忠心耿耿的。發動事變只是要做「最後之諍諫」，行動上是「保其安全，促其反省，」並無傷害委員長的意圖。

另一方面，在發動事變當天，張、楊等軍頭以及一些被捕的南京軍政大員，聯名向全國發出通電，提出的八項救國主張為：

一、改組南京政府，容納各黨各派共同負責救國

二、停止一切內戰

三、立即釋放上海被俘之愛國領袖（即救國會七君子）
四、釋放全國一切之政治犯
五、開放民眾愛國運動
六、保障人民集會結社一切自由
七、確實遵行總理遺囑
八、立即召開救國會議

他們以為這通電報立刻會在全國各地引起正面的反響。誰知道首先就在內部被擺了一道。原來東北軍的通訊處長蔣斌暗中扣下電報不發，先向南京方面密報西安情況，使南京政府能夠立即封鎖來自西安的電訊，讓外界無從瞭解真相。同時，南京的宣傳部門向全國和外界發送關於西安兵變的聳人聽聞消息。一時之間，在人們眼中，張、楊變成了頭號大綁匪，全國各地一片討伐之聲，掩蓋了稍後從西安傳出的通電內容。

十二月十三日，中央研究院等七個學術機構通電全國討伐張學良；南京各大學校長羅家倫和教授等三四七人聯名致電張、楊，指責扣蔣行動；十二月十四日，北平各大學校長蔣夢麟、梅貽琦等聯名致電譴責張學良；上海各大學校長二十二人通電責備張學良；十二月十六日和十七日，還有清華教授會、北大教授會分別發表共同宣言討伐張學良；新聞界在同一時間，也有

《申報》、《大公報》、《益世報》等一百多家報館通訊社發表對時局的共同宣言，討伐張、楊的叛變。國際輿論對西安事變的分析與評論，也表示出不能理解，指責張是為了個人爭權奪利，破壞了全民族的團結禦侮，足以貽害中國等。這些評論，或對張、楊的行動感到痛惜，或對蔣介石的失去自由感到震驚，而認為事變的發生，只會使日本政府得利。

這種先聲奪人的、一面倒的輿論譴責，對張、楊來說，是始料未及的，無疑造成很大的心理壓力。這就增加了讓兵諫者改變心意的可能性。

然而，同樣一個勢頭，卻激起了南京方面的另一種走向。南京政府領導人在召開緊急會議後，任命何應欽為討伐軍總司令，下令立即採取軍事行動，聲討西安叛軍。兵分東西兩路，有七個師在潼關集結，所有軍機集中到洛陽，緊鑼密鼓地準備攻擊任務。這樣的態度表明，政府不會因領袖個人的安危而損害到國家尊嚴利益，也不可能在形同勒索的情況下，對兵諫者讓步或放棄既定的剿共政策。

這令委員長夫人大為氣惱。

按照討伐計畫，戰爭一旦開打，在西安的委員長豈不就有性命之虞？對宋美齡來說，營救落難的丈夫是應該擺在優先地位的。此時，西安傳來消息，如果南京政府對西安發動攻擊轟炸，張學良將用私人座機把委員長遷到新疆或大西北的其他地方。這更令宋美齡焦急萬分。她費力說服了她眼中「居心不良」的南京軍政大員，才使得討伐行動暫時按兵不動，好讓端納和宋子文能夠先後前往西安斡旋。宋子文十二月二〇日是以非官方的私人身分前往。在他瞭解到有可能找到解決西安僵局的途徑時，他只在西安停留了一晚，第二天就返回南京。

隔天十二月二十二日，宋子文偕同宋美齡、端納一行人從南京起程，飛往西安。這一回，他們似乎有相當的把握，能夠經由談判使委員長獲釋。蔣介石先前曾托端納攜口信回南京，要宋美齡千萬不要來西安，但眼見宋進入蔣的囚室，兩人相見，蔣也只得「愀然搖首，潸然淚下」。談到事變當天清晨的經過情形，蔣在妻子面前曾一度「感情衝動，無法自持。」（宋美齡《回憶錄》）

宋子文在同中共代表周恩來會談之後，自信他已找到解決僵局的途徑。端納後來也對《紐約時報》記者表示，西安事變的解決，周恩來扮演了最為關鍵的角色。

周恩來背後的太上皇

可是端納不瞭解的是，在周恩來去到西安之前，共產黨內已發生了一波起伏的風浪。事實上，早在一九三六年四月九日，張學良已駕機飛延安會見周恩來。這一年九月，東北軍與共產黨祕密簽訂了《抗日救國協定》，組成東北軍、西北軍與紅軍的所謂「三位一體」。所以西安事變發生後，張學良立即向陝北的中共中央通報當時情況，要求中共派代表前來西安共商大計。

中共對這次意想不到的兵諫行動，在震驚之餘，也分成兩派意見。以毛澤東、朱德為首的一派，主張公審殺蔣，以報復蔣欠下的血債。毛在十二月十三日中共政治局擴大會議上，就提出報告說，「在我們的觀點，把蔣除掉無論在哪方面都有好處。」周恩來為首的溫和派則從戰略的角度出發，主張利用蔣為人質，迫使南京改弦易轍，走上聯合抗日之路。

莫斯科的共產國際，先前對中共把蔣介石與日本帝國主義侵略者等同對待的觀點就不贊同。西安事變後，從十二月十三日起，蘇聯《真理報》、《消息報》以及共產國際的機關刊物《國際新聞通訊》刊出一系列文章，分析和批評西安兵諫的性質，指責張、楊的行動。他們對張、楊的指責，也等於是對中共領導層內毛、朱等強硬派的嚴厲批評。斯大林代表共產國際，為此特別發電報給中共，要求中共立即使委員長恢復自由，否則蘇聯就中斷與中共的一切關係。

周恩來前往西安，實際上是銜斯大林之命而去的。斯大林希望的是中共與南京當局就共同抗日舉行和平談判。斯大林的立場清楚明白，如因此次事變造成南京政府的中央軍、東北軍、西北軍的脆弱聯盟分崩離析，最大的受益者是日本。斯大林顯然不容任何不確定因素打亂他的戰略佈局。紅軍在當時根本不成氣候，它可以同東北軍纏鬥，但絕不是日軍的對手。蔣介石的領導若無法維繫，整個華北崩解，蘇聯也失去了一個重要屏障，將會暴露在日本的直接攻擊之下。

委員長作為最高統帥，有他個人的尊嚴，尊嚴受到侵犯，起初他完全不願與「綁匪」張學良打交道。然而，南京政府也有作為國家的尊嚴，為了維護尊嚴而決定派兵討伐叛軍，派飛機去轟炸、封鎖西安。當蔣介石意識到，南京方面維護國家尊嚴的行動會危及他個人的性命時，他的態度就開始軟化了。蔣去函要求南京方面停止在渭南、華縣的轟炸行動。張學良仍然表明他對委員長的擁護效忠，他所要求的只是停止內戰，聯共抗日。這樣的條件難道不能通過談判來解決嗎？張學良帶著來到西安的周恩來去見宋美齡時，周向她表明在現階段除了委員長外沒人有資格成為中國的領袖。這自然是十分動聽的話。

十二月二十三日在張學良公館舉行的談判，宋子文兄妹代表委員長，西安方面則由張學良、楊虎城、周恩來三人出席。除了先前張、楊提出的八項主張之外，周恩來代表中共提出六項條件：

一、停止內戰，撤走潼關的中央軍部隊
二、改組南京政府，排除親日派，加入抗日份子
三、釋放政治犯，保障人民民主權利
四、停止剿共，聯共抗日
五、召開各黨各界救國會議

六、與同情抗日國家合作

經過反覆談判後，宋家兄妹原則上同意張、楊「八項主張」和周恩來「六項條件」中有關停戰、撤軍、改組政府、釋放「七君子」及其他政治犯等事項。召開救國會議和與同情抗日國家合作，也都不成問題。剿共行動可停止，但抗日仍處準備階段，不能立即宣告。這樣的結果可說是做了最大的妥協。談判也談到抗日軍事行動開展後，紅軍在編制上正式成為政府軍一部分，糧餉統一分配，行動統一指揮等問題。至於西北地區未來的政治軍事安排，原則上也達成了由張、楊負責的協議。這樣一來，當初張與周恩來簽訂祕密協定中的「三位一體」構想，眼看就要成為事實了。

但問題是，委員長雖然態度軟化，但他始終拒絕在被扣押的情況下簽署任何協議，對於那些大原則，他只願意在口頭上「人格保證」而已。實際上，根據在場的見證人端納事後透露給《紐約時報》的消息（一九三七年一月八日），協議文件是經蔣介石首肯，由宋家兄妹簽署的。可是當時蔣夫人並無政府職銜，宋子文是以私人身分前往西安的。這裡顯然涉及法律上的難題。在委員長事後發表的《西安半月記》和宋美齡的《西安事變回憶錄》中，對此隻字不提。只說張、楊受到了蔣的「精神感召」。[1]

張學良由於同蔣有「情同父子」的關係，事變後又飽受中外輿論譴責的壓力，甚至蘇聯的報刊言論與共產國際的通電，也對他無情斥責，使他受到巨大的精神打擊。他發覺自己的確是捅出了「大簍子」。在他得知中共並不希望公開原先「三位一體」的表示後，本來他對於要蔣接受大西北地區東北軍、西北軍、紅軍三位一體的軍政組織的構想，也瞬間化為泡影。中共背後還有一個太上皇斯大林，周恩來是奉命唯謹的。紅軍願意接受「招安」改編，成為抗日政府軍隊的一部分，對他們的生存發展來說，這是最大的利益所在，其餘也都不足道了。

十二月二十四日上午，宋子文與張學良安排周恩來同委員長見面。周在蔣面前執禮甚恭，他對待委員長是以當年黃埔軍校教育長對待蔣校長的恭敬謙遜態度。他向蔣保證，共產黨絕不會做出危害蔣個人和南京政府的事，所希望的只是和平解決一切爭端，在蔣的領導下共同抗日。氣氛逐漸緩和，委員長的態度也進一步軟化。這些情況在蔣氏的《西安半月記》中，也是隻字未提的。

1　一九三七年二月由正中書局印行的《半月記》與《回憶錄》，同時也有英譯本刊行。當時上海時代圖書公司曾出版邵洵美的「讀後感」小冊。在這本意在頌揚的小冊子中，邵洵美指出，根據委員長日記整理出來的《半月記》，和宋美齡寫的《回憶錄》，「從文字修辭來看，中文本的《半月記》和《回憶錄》是經過同一個人整理或潤飾過的。《半月記》的親筆原稿是中文，而《回憶錄》的原稿則是英文。所以《回憶錄》隱約地顯露著翻譯的語氣。」當時坊間傳聞，整理與潤飾者是陳布雷，《半月記》和《回憶錄》的刊佈，顯然有挽回委員長「面子」的用意。

對周恩來而言，剩下來的只是說服工作。張學良那裡不成問題，張不但願意釋放委員長，甚至還表示要護送他回南京，情緒化的英雄主義表現得淋漓盡致。可是楊虎城那裡，問題就沒有那麼簡單。張學良當初以「西北剿總」副總司令的身分，對西安綏靖公署主任楊虎城的職權是尊重的。進入陝甘地區的東北軍，負責防衛剿共的前線據點，楊虎城統帥的西北軍第十七路軍則駐守隴海鐵路沿線以及西安附近。

事變期間，東北軍主力部隊在前線防衛，而控制西安的是楊虎城部隊。

張學良的立場從動搖到轉變，看在楊的部將眼裡，難免無法認同。張學良與蔣的關係固然「情同父子」，西北軍將領擔心的卻是蔣對他們的「秋後算帳」。所以他們堅持蔣必須簽署一份正式文件，才能將他釋放。這就是宋美齡在《回憶錄》中所說，宋子文周旋於各將領間，「各方說辭，紛至遝來，所謂『最後要求』『最後論據』竟層出不窮」的情況：「各將領每次開會議決之辦法，散會之後，突起疑團，於下次開會之時，又全盤推翻，……」

有些西北軍和東北軍的少壯派軍官甚至激動地揚言，要把張學良和蔣介石一起抓起來除掉。宋子文注意到張學良在這些時日忽然精神恍惚，神情沮喪。

部屬難以擺平，張學良與實際控制西安的楊虎城，兩人的關係也越來越緊張。一方相信委員長已允諾不咎既往，另一方則在部屬的壓力下，堅持需有蔣的親筆簽名才能將他釋放。

周恩來終於又在兩人之間，成功地扮演一次調人角色。楊虎城在周的說服下，同意接受宋家兄妹簽署的文件，也就此安撫了他的部將，使蔣介石獲釋。宋美齡在回憶錄中所描述的起程之前的緊張或慌張情態，也顯示她和宋子文的確擔心在最後一刻又發生變卦。

很顯然，所謂臨行之前蔣對張、楊訓話的一幕，是委員長夫婦後來為挽回蔣的面子而編造的。在當時隨同宋子文到西安參與斡旋的知情人郭增愷，一九五五年四月在香港《熱風》雜誌發表的文章，已經揭露這篇假造的訓話。那時已遭軟禁的張學良在蔣父子的指示下，還托在香港長期為他料理私人財務的英籍秘書James Elder送了一筆六千美元的「封口費」給郭增愷。這也是後話了。

成也蕭何，敗也蕭何

毫無疑問，西安事變的發動，導火線是那一次沒有讓張、楊出席的討論將他們的部隊調往福建、安徽和蘇北等地整訓計畫的會議。圍繞在張學良身邊的抗日同志會/學兵隊的核心份子，成為捉捕委員長的骨幹。楊虎城身邊的心腹——機要秘書王炳南和一批紅色「小朋友們」，則是參與策劃控制西安的參謀。這兩批少壯派人物成就了兵諫行動。

然而，令人感到嘲諷的是，成也蕭何，敗也蕭何。

護送委員長回南京的張學良以叛亂罪被判刑十年，立即獲得假釋，受到軍事委員會「監管」後，從此失去了自由。張的心腹，抗日同志會的核心份子，政治處處長應德田和捕捉委員長的衛隊營長孫銘九，為此反應激烈。他們強調，蔣介石未遵守「既往不咎」的承諾，東北軍也不應接受南京方面的和談條件。只要張學良仍被扣押，就不應釋放南京大員。可是一九三七年一月二十七日，東北軍高級將領卻依照當初談判的結果，將這些大員都釋放回京。這當然引起他們的不滿。

一九三七年二月二日，孫銘九糾集了一些東北軍少壯派軍官起事，發動另一次「西安事變」。他們列出了一份他們認為與南京方面有勾結的黑名單，展開逮捕、消滅的行動。結果，躺在病床上的東北軍軍長王以哲被闖入門的士兵開槍打死。這種恐怖行動激起了其他東北軍將領的公憤，要發起「清共」。東北軍實際上分裂成激進主戰的少壯派軍官和保守主和的高級將領兩派。劍拔弩張，茲事體大。為解決中央軍與東北軍在潼關對峙的局面，蔣通過權力的運作，內定劉多荃、繆徵流等師長為改編的東北軍軍長，使他們從潼關撤兵，才解決了這個事件。

孫銘九、應德田等少壯派軍官只得逃亡。他們試圖通過周恩來尋求中共的庇護，但中共已有同南京方面「抗日統一戰線」的承諾，不可能包庇他們。因此他們也只好自謀生路了。激進盲動的「抗日志士」孫銘九後來加入了汪精衛政權，這也可說是一個歷史的小諷刺。

歷史的吊詭也在於此。這個意外事件造成的直接結果是東北軍領導層分崩離析，東北軍移防江蘇安徽，分散在華中、華東地區。沒有了張學良，東北軍成為一個歷史名詞。楊虎城領導的十七路軍底下的馮欽哉部隊，其中有兩個團團長沈璽亭、唐得楹投向蔣介石後，楊被迫辭職出國，十七路軍其餘部隊被改編為三十八軍。經過調防整訓，西北軍的名目也化為烏有了。

父親事後得知孫銘九發動的第二次事變時，曾表示幸而他及時化裝逃亡，否則難保他也沒命了。同父親還有交情的原「西北剿總」第一處（參謀處）處長徐方，也是在這次事變中被逮捕、處決。那個被控截下西安南京之間電訊的通訊處長蔣斌，也遭到同樣的命運。根據後來中共公佈的史料，原來西安事變前隨同父親在西北地區視察的張文彬科長，也是潛伏的共產黨員。父親當時是不知道的。

幽囚的命運

張學良從一個紈絝子弟、第二代軍閥，到權傾一時的剿共副總司令，最後被長期幽囚五十多年，一直到蔣父子在臺灣相繼離世後，他才能恢復自由之身。他的一生無疑充滿了戲劇性與悲劇性。

關於西安事變，近年來也出現了不少「陰謀理論」。有說張學良自己想在中共支持下，在西北建立「獨立王國」，有說張早已加入共產黨，因此西安事變是張、楊與中共合謀所導演的。但從恢復自由的張學良一九八九、一九九〇年接受歷史學者唐德剛等人的錄音訪問，可以證實，父親當年所稱西安事變是「臨時起意」的判斷是正確的。

一九三六年十二月九日，前往臨潼華清池示威請願的學生隊伍激怒了蔣委員長，蔣下了「格殺」令。張學良親自去攔截、勸退學生。五十多年後，張回想起來仍然情緒激動：

當天晚上，我與委員長談，他先罵我是兩面人，怎麼可以又代表他又代表學生？這我已不高興了。但他接著說：這些學生來了我用機關槍打。這可把我氣火了，我話都到嘴皮子，我想說：你機關槍不打日本人打學生？我氣極了。（《聯合報》二〇〇一年十月二十八日）

被激怒的張學良下決心要「給蔣老頭子教訓教訓！」

這是他親口道出的真相。

從整個大環境來看，一九三六年六月，廣西的李宗仁、白崇禧一度要求委員長批准他們派義勇軍到華北抵抗日軍，也得到廣東的陳濟棠的支持。結果被委員長運用分化手段，瓦解了他們的對中央的反抗。史稱「兩廣事變」。遠在兩廣的部隊要求被調去抗日，有家仇國恨的東北軍被困在大西北，對張學良來說，這不能不是一大刺激。西安事變後，除了左翼青年團體和學生組織積極響應張、楊的號召外，擁兵自重的各方軍頭反應是審慎而曖昧的。廣西的李宗仁、白崇禧與部屬聯名發表通電，讚揚張、楊的自我犧牲精神，並要求南京政府用政治而非武力方式解決事變問題。閻錫山表面上通電要求張、楊釋放委員長，實際上又表示必須調和內部矛盾與分歧，無形中也是認可張、楊的目標，只是不贊同兵諫的手段而已。這似乎讓蔣體會到，如果仍堅持剿共方針，肯定會增加這些軍頭的離心傾向。這是委員長最終不得不接納抗日統一戰線的實際考慮。

日本對西安事變的反應是，既定外交政策保持不變，但絕不改變他們的反共政策，也不容忍反日行動。日本認為南京方面的強硬軍事行動對日本的目標有利，他們的情報分析，中國若爆發全面內戰，日本必有可趁之機。中國不爆發內戰，日本也應加緊侵佔行動。

實際上，聯共抗日的統一戰線是在七七盧溝橋事件後才落實的。盧溝橋事件顯示，日本的圖謀已十分明顯。日本意圖進一步將河北、察哈爾、綏遠等華北省份，從南京政府分離出去，建立另一個新勢力範圍，然後從華北沿著平漢鐵路與津浦鐵路南下，謀求佔領華中與華東地帶。南京政府被迫不得不開展全面的抵抗行動。

從大局來看，抗日統一戰線的形成，無疑是當時最重大的成果。對中共而言，即使說不上是起死回生，至少也是峰迴路轉的轉折關鍵。中共領導人後來稱頌張學良為民族英雄，千古功臣，稱頌楊虎城為偉大的愛國者。國民黨史家則根據委員長在《半月記》序言所述，事變使「八年剿共之功，……幾全墮於一旦，」而指控張、楊使得委員長的剿共政策功虧一簣，因而是民族罪人。但如果沒有西安事變，共產黨就能如蔣介石所說，將於二星期至多一月內被澈底剿滅？國民黨從此就能一帆風順？這個問題誰也不能斷言。從我父親當時在西北視察所見，實際的情況要複雜得多。蔣所謂「剿共之功，墮於一旦」，其實是誇大的說法，誇大的動機是要諉過於張學良，為自己推卸責任。

英雄也好，罪人也好，張學良在那關鍵時刻的兵諫行動，在中國近代史上的確發生了不可磨滅的影響。

第三章
投身抗戰的洪流

「脫亞入歐」的新帝國

在日本近代史上，早在甲午戰爭之前的一八六二年，日本結束了「鎖國體制」時代後，江戶幕府向英國人買了一艘命名為「千歲丸」的洋船，行駛到上海去拓展貿易，這艘洋船到達目的地後，五十多名商務代表登岸考察，發現他們原先景仰的文明古國，經過英法聯軍的侵襲後，已呈現一片衰敗景象。不但市容殘破，民生凋敝，整個社會也暮氣沉沉，失去活力。洋人趾高氣揚，老百姓低聲下氣。對這些商務代表來說，不能不造成巨大的心理衝擊，這也堅定了日本政府日後「脫亞入歐」的決心。

Samir Amin在他的著作《歐洲中心論》中，曾指出，所謂「歐洲中心論」並不只是一個概念，或自覺的選擇，而是一個在我們的常識領域中自然形成而運作的「典範」。從這個角度來看，前資本主義的階級社會，可說是受政治權力主宰的，因為那時經濟領域尚未形成一個普遍概念，那個領域所呈現的只是對勞工的直接透明的剝削。即使有高度組織化的統治機構出現，就像是古埃及或儒家中國，分別是地中海和亞洲最先進的社會與文明，也無改於政治權力主宰的性質。要到資本主義發展之後，才有經濟剝削概念和資產階級意識形態的產生，在那之後，經濟（市場）才取代政治，成為主宰社會發展與擴張的動力。

Amin書中最有趣的一章是比較了中國和日本。他指出，這兩個國家都經歷了類似的歷史階段，然而中國保持在文化最先進的朝貢社會地位，而日本相對來說卻是處於封建歐洲對伊斯蘭世界的地位。此後就像歐洲那樣，日本滿足了向資本主義過度的條件，而中國卻處於停滯狀態，成為一個落後國家。

Amin的觀察一方面是對日本明治維新後「脫亞入歐」過程的一個簡單總結，同時也突出了在歷史演變上，中日差異的性質。中日差異的形成，不論是歷史的必然——如日本有向外學習、模仿的傳統（遣唐使、蘭學）；中國帝制的天朝觀念或制度在應對西方挑戰方面的局限性等，或歷史的偶然——如尋求貿易的西洋政府船艦先向日本幕府而非中華帝國叩門，時機因素導致對叩門的不同反應，日本在十九世紀末已是一個能與歐洲列強匹敵的新殖民帝國，則是一個不爭的事實。這也是日本自身的定位。對西方列強的認同，對中國的蔑視，這是當時日本帝國政治精英的主流心態。

中國朝野的政治精英無疑也都認識到這一點。

忍無可忍的國土保衛戰

帝制中國從變法維新到立憲共和，無法挽回傾頹的命運，但革命帶來的卻是軍閥混戰的亂局，使人不能不承認社會變革的步調是緩慢的，政治制度的革新並非一蹴可及。無待於秩序的恢復，西方列強與新興的日本帝國已接踵而至，企圖在亂局中謀取各自的利益。日本在併吞了臺灣、朝鮮之後，在中國東北扶植滿洲國傀儡政權的成立，繼而圖謀華北。從一九三一年開始，一系列入侵中國的行動就在與西方列強競逐資源與市場的擴張要求下，加速進展。一九三七年七月爆發的針對長江三角洲的戰爭，對日本來說，是企圖將西方勢力逐出東亞的大計畫的一個重要環節。但對中國人來說，這是在忍無可忍之下被迫進行的國土保衛戰的開端。

在中國近代史上，全面抗日戰爭的起始是一九三七年七月七日的盧溝橋事件。盧溝橋是橫跨北平永定河的一座橋，一八九〇年完工，橋邊欄柱有雕工精美、形態各異的四百八十五個石獅子。七月七日那一天，北平日軍在盧溝橋進行夜戰演習，到了夜晚十一點，日軍藉口有一名士兵失蹤，要求進入宛平縣搜索，後來又說失蹤的士兵已經找到，但他們還是堅持進入宛平縣瞭解情況，突然派兵進攻，第一波攻擊被吉星文團長率領的盧溝橋守軍擊退，雙方達成停戰協議，不久日軍又發動第二波、第三波的攻擊，一而再、再而三的連續挑釁，使得一再忍讓的南京政府覺悟到妥協政策已行不通，委員長終於下令動員全國海陸空三軍，保衛華北，將日軍逐出中國。

是的，國力懸殊，軍力懸殊，這是當時的客觀情勢。我不免要想，在那個時空環境下，我父母親那一代，他們究竟是怎麼想的。當時他們為什麼要投身到慘烈的抗日戰爭洪流裡？是被逼做出的抉擇，還是沒有抉擇，是義無反顧？我繼而又想，在那個時代，他們其實沒有時間去思考這些問題。在國家的命運懸在旦夕的情況下，個人的命運已微不足道。

一九三七年七月在北平爆發的戰役，讓日軍輕而易舉地佔領了北平。但接下來，八月日軍對上海的侵襲，儘管仗著巨大的兵力優勢，卻遭到中國守軍的頑強抵抗。淞滬保衛戰一直持續到十一月初，在日軍增援部隊登陸杭州灣和長江南岸後，從側翼攻擊，中國守軍的防線才崩潰。以兵力來說，中國投入淞滬之戰的兵員有六十萬人，是為日軍的一倍，但在軍火裝備上，卻極為懸殊，日方有五百架戰機，中方只有兩百架，日方有三百輛坦克車，中方只有十六輛，此外，日方還出動了一百三十艘軍艦來圍攻，中方可說毫無招架能力。三個月的浴血奮戰，日本海陸空軍發揮了猛烈的炮火，我方依靠的只是血肉之軀，填入敵人的熔爐火海裡。

淞滬前線的糧秣軍需

這種軍力懸殊的情況，沒有人比軍需官出身的先父更為清楚。抗戰之初，父親任職軍政部軍需設計委員會，為少將委員，並兼任廬山訓練團的經理處長。訓練團是訓練抗戰幹部的。父親到職後，就徵調軍需學校第七和第八期的應屆畢業生，分別派任為訓練團各總隊各大隊以及各隊的軍需幹部。父親自己是以學長老大哥的身分，負責領導。

淞滬戰役爆發時，訓練團奉命結束，父親則奉命調往淞滬前線辦理六十萬兵員的糧秣軍需事宜。結果，軍需學校第七、八兩期的學生都沒有再回學校，就在訓練團就地宣布畢業，分派到淞滬前線各部隊服役。

面對敵軍在吳淞上海兩地，沿江沿海迅速登陸，國軍部隊趕到淞滬前線應戰，旦夕之間，幾十萬人的糧秣彈藥，都需立刻籌劃供應。作戰的主要物資，必須及時運補。由於父親以前兼任國民政府主計處歲計專員，而作戰地帶的江蘇省財政廳長趙棣華，原是國府主計處的會計局長，戰鬥物資糧秣，都需就地補給，所以軍政部派給父親的任務，就必須同主管錢糧的江蘇財政廳長直接聯繫。

在軍方看來，此時此地，父親是唯一軍職兼文職的人，而且又與趙廳長有主計同事之誼，當然是打交道的最適當人選。江蘇省各縣向來都設置了積穀倉，為了積谷備荒，父親此時的任務是籌措糧食，以供軍用。在趙廳長的協助下，所到的敵前各縣，士紳鄉民無不慷慨捐輸，同意徵借糧食，還動員民伕，將糧草運送到前線，使父親得以順利達成任務。但淞滬保衛戰，因防線崩潰，最後仍以失敗告終。

不過，從日軍在戰鬥開始時揚言，三小時內登陸，三天內速戰速決，以先進武器擊潰我軍，實際上是拖了三個月。父親當時耳聞目見，聽到的故事都是驚心動魄的。當戰事進行最慘烈之際，敵人炮火瘋狂攻擊，淞滬守軍每天都要增援一個師或兩個師去補充傷亡。這些部隊，很多是從邊遠省份如雲南貴州調來的。行軍萬里，到達戰場，往往作戰不到幾天，就遭到日軍猛烈炮火攻擊而傷亡殆盡。有一個陣地，經激戰後，僅剩士兵四人，他們以一人守護連長屍體，其餘三人仍堅守待援。這種英勇作戰的精神，連外國採訪記者也為之動容。面對敵人的炮火，士兵拋頭顱、灑熱血，橫屍於田野，有時來不及挖壕溝掩蔽，只好把陣亡的屍體堆成人牆，繼續與敵周旋。一旦遇到近距離的接觸，士兵即刻躍出，用刺刀與敵搏鬥，拼個你死我活。當時官兵的想法是，由於敵我雙方的火力差距太大，與其未見敵人就先被炸死，不如在近身肉搏中與敵同歸於盡。父親深深感到，這種捨命衛國的精神，真是驚天地而泣鬼神的。

南京的送款任務

其後在南京保衛戰時期，中央政府各機關當時都已撤離到漢口。南京被日軍圍城的危急時刻，父親奉命必須親送現款入城。這時南京守軍的長官唐生智不斷發電報催款，中央軍政部長交付軍需處長，軍需處長就要立即物色送款的人選。說來也許外人難以置信，軍需處長周駿彥原是蔣委員長的老師，由於這一層可信賴的師生關係，委員長就把戰時軍需財務裝備物資的重任，託付給當時已七十多歲的周處長，由他來統籌辦理。周處長將我父親和一位軍需設計委員彭熙同，調到他的辦公室工作。只要是出席開會及對外接洽，都由我父親陪同，彭委員則負閱覽公文與核稿之責。

南京陷落前夕，父親接到這個冒險送款的差事，立刻就乘坐海關部門的小汽船，由漢口沿江順流東下。用無線電與南京城內聯絡。快要到下關江面時，為了保持隱秘，避免日軍偵測，小汽船熄燈潛行。透過聯繫暗號前來接應的守軍船隻，帶來的不利消息是，南京戰況已萬分危急，父親已不能入城，否則會發生危險。當下決定在下關交款，取回收據就折返。到了第二天，小汽船還沒回到漢口，首都南京已經陷落。雖然長官對父親的冒險承命，達成送款任務，予以慰勉，但對父親來說，錢送到了目的地，卻無法免於城陷，仍令他歎息不已。戰局如此，其實不是個人的行動所能扭轉的。

南京陷落後，眼見日軍進城展開的大屠殺大蹂躪，對每一個有血性的中國人來說，不能不感到錐心之痛。但國力懸殊、兵力懸殊的事實卻不是立即能夠改變的。在大局勢的變化下，因應之道是什麼呢？

以空間換取時間

從軍事觀點來看，擔任軍事委員會總參謀長的白崇禧，一九三八年在武漢的軍事會議上就坦率指出，與日軍正面進行正規戰必定犧牲大卻無獲勝的機會，所以應採取游擊戰輔助正規戰的策略，把時間拖長，以小規模戰鬥來消耗敵人，以空間換取時間。由東向西，把日軍拖進幅員廣大的空間裡。這個策略後來就成為抗戰的指導原則。

日本的企圖是要憑藉強大的作戰能力和優勢武器，速戰速決，由北向南，先占華北，再侵華中。這個快速戰略的盲點是，只有點和線的連接，沒有面的覆蓋，在廣大的空間，補給線一拖長就會失去進展的動力。入侵是調動部隊擊敗對手，可是佔領卻需建立一套體制來管理陷落的地區，才能得到實際物質利益，實現以戰養戰的目的。但這個目的並不容易達到，因為被佔領地區的基礎設施和生產能力的損失，不是短期可以復原的。因此日軍在上海的艦隊司令官，發現陸軍想把華北變成第二個滿洲國時，曾發電報向海軍部官長警告，這樣做將會使日軍泥足深陷，釀成未來大禍。但一開始就節節獲勝的日軍，對這樣的警告是嗤之以鼻的。

抗戰初期，由於國際交通線被封鎖，軍需物資的供應枯竭，令負責調度的父親大傷腦筋。父親回憶當時在國軍中，往往一套士兵裝備，分配給三人使用，享用棉大衣的人，就沒有棉上衣與棉褲，穿得棉上衣的人，就沒有棉大衣或棉褲。艱苦的情形，是一般人想像不到的。

在持久作戰，拖垮敵人的指導方針下，父親親自見證了一波接一波的全民總動員的情景。所有北邊東邊和南邊的沿海各省，國防工業、軍用物資、民用物資、工廠機器，一律拆遷、運到大後方重建。

部隊也是一面抵抗，阻擋敵人，消耗敵人，一面後移陣地，繼續阻擋、消耗敵人。同時也一面奮戰一面補充。

跋山涉水流亡圖

在敵機不斷轟炸，鐵路交通阻滯的情況下，工廠員工冒著生命危險，拆卸機器，搬運物資。拆卸的物資機件，裝運上大大小小的船隻，沿著長江西上，到四川萬縣、重慶等地登岸重建。或者走陸路用車輛繞道湖南、廣西、貴州，到四川、雲南，翻山越嶺，耗費時日。戰前的上海，擁有全國製造業的主要基地，私人經營的工廠就有五千多家，但戰時連同其他江南地區，搬遷到四川等後方省份的，還不到三百家，把後來從武漢後移的工廠加在一起，也不超過四百六十家。

在車船普遍不足的情況下，老百姓逃難，移向大後方，是以步行為主。最常見的是一家數口，男女老幼，背負著僅有的財產行李，徒步前進，餐風宿露，景象苦不堪言。父親有幸隨軍乘車前行，往長沙、衡陽，過黃沙河進入廣西省境，再經桂林向西行，到大塘停留了幾天，轉入貴州省境。然後又經省會貴陽北上婁山關而下，最後抵達當時的陪都重慶。

幾千里的路程，父親眼見在湘桂沿途上，每隔三十里，就有當地民眾在大路兩旁搭蓋的幾個長條的蘆席棚，讓過境的難民休息，或暫宿一宵。人潮湧到時，附近的鄉民主動去送茶水。據外國記者報道，抗戰期間向後方撤退的人民，人數大約在三千萬以上。這種大遷徙，是世界各國近代從未有過的，也是中國歷史上從未有過的。為抗拒異族侵略的移徙所體現的民族精神，使得外國前來的見證者也相信，在這塊土地上的人民是不會滅亡的。

父親在貴州獨山經貴陽而到四川重慶，沿途所見，印象更為深刻，心情也更為悽楚。因為貴州是貧瘠的山區，有許多地方根本渺無人煙，不可能像湘桂沿途那樣，每隔三十里，就有當地民眾搭蓋席棚，而來到這裡的難民，已是離家愈遠，跋涉愈久，更加的勞苦，貧病交加的也愈多。貴州又是一個盡人皆知的苦地，所謂天無三日晴，地無三尺平，人無三分銀，難民來到這裡，真是死路一條。地方政府，鄉鎮公所，一般的貧苦民眾，即使費心盡力地救護難民，也是心有餘而力不足。

父親隨軍路過時，正值冬季，滿地鋪蓋著雨雪，倒地的難民遍地都是，山邊的路溝裡，也交疊著許多難民的屍體，慘不忍睹。可是路過的生者，側眼望著這個情景，卻表情木然。長久的悲痛或許已令他們感覺麻木了。那些人不哭、不悲、不言、不理，彷彿是說，不久之後，我也就會那樣了，不過是遲早的不同而已。

父親在沿途絡繹行進的難民中，見到一個中年男子，肩上一根扁擔，挑著兩個籮筐，其中一個裝的是鍋柴衣服棉被等食宿用具，另一個裝上兩個孩兒，隨後跟著兩個婦女，共抬一個籮筐，裡面坐著一個老婦人。一家大小六口，在雪地上一往無前。這一幅日寇逼迫下的流亡圖，固然令人心酸，但也展現了堅毅之情，忠義之氣。

起來吧，中國的穆斯林

在九一八事變後不久，西安的穆斯林就成立了回民抗日救國會，發動群眾上街遊行示威，抵制日貨，並聲援東北將領馬占山的抗日部隊。抗日戰爭爆發之初，北平回民迅速組成「北平回民守土後援會」，發表宣言，要求回民「在教為教中基礎，在國為國家干城」，與侵略者鬥爭到底。

日本侵略者也不是省油的燈。為了分裂回民，他們利用北平原有民國初年創立的「中國回教聯合會」的名稱，加了一個「總」字，成立了「中國回教總聯合會」，以便操縱利用。這個組織是一九三八年一月由日本華北方面軍派顧問高垣信協助回民領袖王瑞蘭、馬良、劉錦標等建立的，會址就設在廣安門大街東北大學的舊址。「中國回教總聯合會」包含了三方面的人馬。一方面是擔任顧問的日本軍頭，另一方面是日本在北平扶植的「臨時政府」行政委員會委員長王克敏和議政委員長湯爾和等人，第三方面是滿洲國的陸軍少將劉錦標等軍政人員。劉擔任「總聯合會」諮議，負責實際業務。建會宗旨是中日滿三國緊密團結，維護伊斯蘭教，反對共產主義，擁護新政府，解救教民的痛苦。總聯合會聽命於日本特務機關，成立了「中國回教青年團」、「回教青年訓練所」、「回教軍」等機構，籠絡華北、西北地區的回民。

為了反制並與之對抗，一九三八年五月，中國各地回民在漢口組織成立規模最大的全國性組織「中國回民救國協會」，發表動員全國回民抗日救亡的宣言，強調「全國一致抗日之際，我教胞忝為中華國民，愛國怎肯後人；趁此機會，若不團結奮起，以表現我回教之精神，保持我回教之榮譽，不特為人格之汙，抑且為宗教之辱。」救國協會在總部下設三大職權組織和五種業務，以「發揚教義，團結回教民眾，協力救國」為旨，並先後在各省建立分會。他們還譜寫了一支《中國穆斯林抗敵曲》。

這首戰歌的歌詞慷慨激昂：

起來吧！中國的穆士林，舉起我們的寶劍，發出我們的吼聲，貫徹愛國的品德，負起保族的使命，認清我們的敵人日本。它施放無情的炮火，它殘殺我國的國民，要把中華一口併吞，我們決不受它的侵凌。穆士林！前進！前進！

明確表達了回民抗日救國的堅強決心。

這個組織是由國府軍委會總參謀長白崇禧將軍發起的。白將軍是回民出身的著名將領。救國協會的口號為「興教建國」，組織規模大，除總會之外，各省的分會進行分門別類的業務。最初的名稱「中國回民救國協會」，後改為「中國回教救國協會」，最後定名為「中國回教協會」。父親的瞭解是，名稱愈簡化，涵蓋的範圍愈擴大。把回民易為回教，則人數愈多，免掉救國兩字，則任務愈多，不限於救國的範圍，更符合「興教建國」的宗旨。母親當時是安徽省出席代表，當選為協會理事，並由理事會互選為常務理事。

抗戰期間，我父母親都在重慶，中國回教協會設址在重慶張家花園六十二號（柏莊），在重慶還設有醫院，在上青寺街。母親這位常務理事，在協會中擔任婦女組（第五組）主任。她又是國民政府賑濟委員會委員，在軍事委員會政治部，她還以少將設計委員的身分，從事戰時宣傳工作，時常深入戰地從事政治宣傳和賑濟救災工作。當時的情況是，越是戰區，災情越嚴重，越是接戰地帶，越是不易施賑。母親必須深入前線去搶救災民。母親的文職與軍職的雙重身分，對她在協調災胞救濟方面，能發揮事半功倍的作用。

父母親追隨協會同仁時子周、趙明遠、王農村、艾宜裁、丁珍亭、張兆理等賢達，分頭努力，似乎忙不勝忙，因為戰事的緊張，加上協會的事務，不僅是靜態的工作，尤多動態工作，不僅會內工作，而更擴及各地戰區與世界各國。父親還有一位好友，人稱孫五爺的孫繩武先生，曾做過安徽省的財政廳長，他在對國外宣傳方面，很會動腦筋，出點子。

回教訪問團

為了爭取同情我國的盟邦，打擊日本侵略者，雲南地區曾在埃及留學回國的回民代表，一九三九年曾組織「留埃學生朝覲團」，到麥加去揭穿日本指使下派到麥加的「華北回民朝覲團」為侵略者宣傳的真面目。他們和甘肅、寧夏、青海三個省的教胞代表組成的人數龐大的「西北回教朝覲團」在麥加會合，帶去的日寇侵略的圖片資料，在埃及的報刊上廣泛刊載，得到中東地區穆斯林對中國遭遇的普遍同情。「西北回教朝覲團」團長歸國後說，「鬼子在麥加的宣傳，是完全失敗了。」

回教協會先後組織了近東回教訪問團及遠東回教訪問團，分別前往土耳其及馬來亞等地，詳細說明中國遭受日本軍閥侵略，人民被屠殺的慘狀，以及我國軍民奮起抵抗而忠烈犧牲的實況。

根據《中國回教訪問團日記》所述，一九三八年一月，由王曾善任團長，以馬天英、薛文波、張兆理、王世明為團員的「近東訪問團」由香港出國，遍訪印度、埃及、沙特阿拉伯、黎巴嫩、敘利亞、約旦、土耳其、伊拉克、伊朗等十餘國，行程近五萬公里。除拜見各國政府當局要人外，還會晤各國名流，出席了大大小小的歡迎會、宴會和茶話會，接觸了重要的黨派團體，還參觀了高等學府，發表公開講演，參加清真寺聚禮並作講演，此外，還以阿、土、英三種文字編寫了《中國回教近東訪問團敬告世界回教教友書》，廣為散發，並在國外報刊如《孟買新聞》、《伊拉克泰晤士報》、《印度星報》、《伊朗日報》刊載。這些資料詳細說明了中國遭受日本軍閥侵略，人民被屠殺的慘狀，以及我國軍民奮起抵抗而犧牲的實況。

一九四〇年，由馬天英、吳建勳、馬達五組成的「南洋訪問團」，出訪馬來亞。在馬來亞的六個多月中，訪問了大小九十三處市鎮，散發了《中國之回教》圖片冊，揭露了日寇暴行，介紹了中國回族的抗戰熱情。他們以鐵的事實，戳破了日本企圖煽動西北回民獨立，挑撥中國伊斯蘭教民族和漢族之間的關係的陰謀。他們也揭發日本首相田中奏摺所謂「欲征服世界必先征服中國」所呈現的野心。代表團的到訪，引起了東南亞穆斯林對中國人民的關注與同情。

伊斯蘭教在歷史上，行之千數百年，各地的教胞各自虔誠敬主，禮五番拜，誦古蘭經，本無全國統一的組織，但隨著抗戰出現的全國性回教協會，的確能夠溝通南北，聲應氣求，在「興教建國」的總目標下，統合各方意見。

由日本侵略者操縱的「中國回教總聯合會」，曾試圖利用多年來伊斯蘭信徒與一般漢人的隔閡，宣傳回民受到歧視，日本人則是要幫助回回「自治」，援助回民「自決獨立」，「建立回回國」。這些動聽的口號，在回民圈子裡一度引起相當的響應。但一九三八年十一月二十三日，日軍派飛機炸毀西安四座清真寺，炸死開齋節祈禱的回民事件，在報刊披露後，侵略者所謂「扶植伊斯蘭」的偽善面孔，立刻暴露無遺。西安的回民不但發表宣言，向全國的教胞控訴，同時也向全世界的伊斯蘭兄弟控訴。各地回民眼見愈來愈多的反抗者被日軍殘忍屠殺的慘狀，相信「總聯合會」誘惑宣傳的人也日漸減少了。

抗戰期間，回民在戰場上是驍勇善戰的。著名的將領如白崇禧、馬占山、馬鴻逵等，大家都耳熟能詳。各地的回民抗敵組織，不論是打游擊還是直接正面作戰，都是不可忽視的力量。當初「回民救國協會」各地分會成立後的一項任務就是選拔身強體壯的知識青年去軍校就讀或直接送到部隊受訓。在華北，河北定縣的「回民隊」、孟慶山的「回民教導隊」，結合成的「回民支隊」，是善於野戰征伐的正規武裝部隊。八年抗敵，歷經的大小戰鬥不下八百次。還有渤海地區的「回民支隊」，活躍在天津以南和山東北部，對日軍與滿洲政權的部隊交戰。山東棗莊由回民礦工為骨幹的鐵道游擊隊，也立下很多戰功，全國知名。寧夏的回民騎兵團，以及其他地區大大小小的抗敵隊伍，形成了遍地開花的武裝力量。這些穆斯林隊伍不因編制小、武器陳舊就不能發揮力量，他們採取游擊戰的策略，能打就打，打不贏就跑。絕不輕易犧牲。這樣才能一面保存實力，一面達到騷擾、牽制敵人的目的。

當然，正規的軍事訓練在大規模作戰中是必要的。在「回民救國會」的號召下，有大量穆斯林聚居的雲南，就有許多回民青年報考中央軍校南寧分校。錄取的學生和其他地區的回民學生一起，編成軍校中的回民大隊。這樣做的一個原因，也是為了回民有不同於漢人的飲食習慣，編在一起，生活上便於照顧。在戰況緊急的時期，有的回民學生受訓還沒結束就必須派到部隊，去參加實際戰鬥行動。這些回民健兒，奮勇殺敵，浴血沙場的，不計其數。

伊斯蘭信仰的禮儀和生活習俗，對穆斯林來說，是看得同他們的生命一樣重要。對於違反教規的行動，是會激使他們起來「拚命」的。日本佔領軍曾強迫山東濟寧一帶的回民殺豬，這樣的侮辱激起了回民的反抗，結果豬沒殺成，倒是殺了兩百個日本兵。日本佔領當局曾想要迫遷北平阜城門外的回民墓地，也受到不惜犧牲、保衛祖宗的回民的激烈反抗。想要購買回民清真寺的土地來為滿洲國建衙門，伊斯蘭長老帶頭堅決反對，只好打消主意。在這方面，特別是對辱教的言行，回民反應的強悍是有名的。

在抗日的游擊隊伍中，也有因漢回的緊張關係而相排擠的情況。飲食習俗的不同，連部隊的編制都出現獨立的「回民支隊」。這一點，辦軍需出身的父親是最能理解的。

軍民心理的轉變

日本在侵華戰爭初期，勢如破竹，連續輕易獲勝，使得少壯派軍人氣焰驕橫無比。在軍部的壓力下，日本的議會也轉為戰時議會的體制，在內閣中設立主管戰時經濟的企劃院，使得軍部實質上具有最高權力，內閣成為附庸，有和平構想的文人完全靠邊站。

中國的抵抗策略則是以長期的消耗戰為方針。交通便利的沿海沿江地區的相繼淪陷，對日軍來說，固然是促使他們繼續深入進擊的動力，但補給線拉長，防守地區擴大，能用於前線的兵力相對減弱。這雖然可藉優勢的火力和空軍的轟炸來彌補，長期下來還是不利的。「速戰速決」的戰略方針無法實現，為了「以戰養戰」，對於佔領區的管理與發展就成了戰爭規劃的一個重要部分。「華北人民自治會」、「冀東自治政府」、「北平臨時政府」、「維新政府」等，都是這樣的設置。一個重要目的就是要取得後勤補給資源。

父親從後勤補給的角度來看，認為抗日戰爭初階段是平地作戰，日軍在火力、裝備、運輸上具有明顯的優勢。可是進入戰爭第二階段，退到丘陵地帶之後，擴大的戰場，靠小規模的游擊戰，日軍的優勢就會下降。

事實上，在大型的遭遇戰中，絕大多數都是國軍落敗。父親對此並不諱言。國軍訓練不足裝備差，在每一場遭遇戰中，指揮官拿的是士兵的血肉之軀去對抗敵人的炮火。實際的情況是，參與戰鬥的「雜牌軍」許多都是由地方民團，也就是保甲制下的地方武裝防衛隊組成，他們只受過短期集訓就倉促上陣，一場仗打下來，若僥倖生還，就調到後方補訓。當然，這並不表示他們人多就只配當炮灰。面對著氣焰沖天的敵軍，只要指揮得當，「哀兵」也有可能致勝。

在抗戰初期，具有激勵人心作用的台兒莊大捷，就是一個例子。

台兒莊戰役既可說是一場單獨的戰役，也是徐州會戰的一部分。一九三八年春，日軍為了進攻武漢而作部署，打通津浦線，控制長江下游的重鎮是必要步驟。津浦線上的徐州是個重要據點，這是徐州會戰的由來。那是第五戰區指揮官李宗仁將軍的防衛範圍。第五戰區包括山東省和長江以北江蘇、安徽的大部分。日軍分三路，起先是以南路和中路主攻，北路助攻。可是南路軍在淮河作戰受阻後，戰術上改為北路主攻，南路配合，但北路軍不待南路配合就孤軍南下，這個戰術失誤給國軍帶來了難得的機會，在台兒莊一役，包圍殲滅了日軍。

日軍當時部署在徐州的兵力為八個半師團，大約二十萬人，有國軍無法比的軍火優勢和戰鬥能力。國軍兵力有六十個師，但部隊多半都是所謂「雜牌軍」，裝備不良，訓練不足。可是李宗仁在前往徐州視察的白崇禧的襄助下，指揮若定。面對沿津浦線南攻的日軍磯谷師團，滕縣守軍和前來增援的「雜牌」川軍，在敵軍炮火坦克的猛攻下，頑強死守血戰，最後戰到官兵無一生還。接下來在臨沂發生的攻防戰，原屬西北軍的雜牌部隊，雖然裝備不良，也是死守縣城，抵擋板垣師團的炮火進攻，連日的晝夜激戰，造成敵軍重大傷亡，臨沂卻未陷落。

板垣師團的受挫，令人刮目相看的是一支皇軍最優秀的部隊無法解決一支雜牌軍。板垣師團和磯谷師團無法按計畫在台兒莊會師，導致日後磯谷師團孤軍深入，在台兒莊陣地與守軍激戰，最後受到國軍馳援部隊的包圍殲滅，遺屍遍野。日軍共被殲滅了兩萬人。日本防衛廳戰史室在戰後編著的《中國事變陸軍作戰》一書中對於台兒莊的戰鬥過程也有描述，其中指出：「研究敵第二七師第八〇旅自昨日以來之戰鬥精神，其奮勇死戰的氣概，不愧受到蔣介石的極大信任。全部守軍憑藉散兵壕頑強抵抗直至最後。敵在狹窄的散兵壕內，屍體相枕力戰而死的情景，雖為敵人，亦須為之感歎，曾令翻譯勸其投降，絕無應者。屍山血河，並非日軍所特有。」

台兒莊大捷雖是中型戰役的技術性勝利，意義在於扭轉了國軍一路兵敗的頹勢，破除了日軍無役不勝的神話，對民心士氣的鼓舞是巨大的。也是因為在津浦線上拖住日軍，在現實上使政府有足夠時間準備武漢會戰，而對日軍的阻滯，也使得政府單位爭取到向西南後撤的寶貴時間。

然而，戰爭的高潮是隨著武漢會戰而結束。國軍的最高統帥部移到重慶，主力部隊撤到平漢、粵漢鐵路以西。新的戰略部署是以牽制敵人為目的，做好四川的防衛工作。兵力配置在黃河上游的陝西、綏遠、山西和下游的河南、河北、山東一帶，以及長江以北的漢水、淮河流域，長江以南的洞庭湖、鄱陽湖流域地帶，與日軍進行拉鋸戰、游擊戰。

國軍的優勢是兵員眾多，但訓練、裝備、火力都不足，所以時常落敗，獲勝機率不大。譬如一九三九年三月的第一次南昌之役，日軍五萬人進犯，國軍二十萬迎擊，一星期後南昌陷落。一九三九年九月，日軍十萬人進犯長沙，被二十多萬國軍擊退，是為長沙大捷。一般軍民的心理也開始扭轉過來。

這年十一月，日本海軍艦隊集結東京灣，登陸欽州，北上南寧，目的是要切斷國軍獲取外援的國際補給線。通過印度支那的法屬地區進口的物資，是維持國軍戰力的重要來源。要切斷這條路線，就必須奪取南寧。這是崑崙關戰役的由來。

日軍主力在戰機掩護下猛攻，擊退防守的國軍部隊，迅速佔領了南寧附近的崑崙關，與國軍形成對峙局面。負責指揮反攻的白崇禧將軍，祕密調動機械化重炮兵部隊，在崑崙關附近的密林中集結，於日軍陣地的近距離構築陣地。當日軍指揮官誤判形勢，下令部隊向中越邊境移防時，埋伏在山林裡的國軍重炮部隊，在坦克前導下，出其不意地發動全線反攻，坦克部隊衝出森林，切斷了日軍後路，向敵人衝撞掃射，部署在附近的兩路部隊，也發動包圍，殲滅了日軍主力。國軍付出了慘烈的代價，換得日軍旅團長被擊斃，官兵大量陣亡的戰果。

日軍在中國大陸逐漸陷入進退兩難之境。由於兵力不足，只得一面控制佔領區，一面圍困重慶當局。日方雖表示不懼長期戰爭，但兵力不斷的消耗，對他們來說，斷非長久之計。所以「速戰速決」行不通之後，一度也曾想要改行「速和速決」，日方找了德國駐華大使陶德曼來提出較寬大的條件，做「和平試探」，可是中國堅持的是維護主權，把敵人逐出國土，拒絕接受這樣的試探。

汪精衛一九四〇年在日本扶植下建立南京「國民政府」。日方原以為這會對日本的「和平」攻勢帶來實惠，後來才發現汪政權不但不受指揮，反而處處掣肘，變成一個累贅。

日本終於不得不承認，在華的軍事勝利，實際上不能得到實際利益。日本雖能要求與它結盟的德國停止對中國輸出物資，雖能一度與英國締約，不讓中國的軍用物資通過其屬地緬甸仰光港和滇緬交通線運入中國後方，但美國凍結了日本在美資金，又限制了對日的戰略物資輸出後，日本已陷入物資缺乏，經濟停頓的困境。日本原先在侵華之初，就有陸軍與海軍的路線之爭。陸軍主張北進，最終是以蘇聯為假想敵，海軍主張南進，奪取東南亞的豐富資源，實現「大東亞共榮圈」。陸軍不斷擴增軍事預算，海軍不斷造艦，在經濟窘困而又在中國泥足深陷的情況下，日本終於鋌而走險，偷襲珍珠港，全面發動太平洋戰爭，也為自己帶來覆沒的命運。

一九四四年夏，日軍為挽救頹勢，曾一度集結強大兵力，發動一連串的大規模攻勢，先後攻佔衡陽、桂林、柳州。這年十一月，又攻陷貴州南部重鎮獨山，使得貴陽陷入混亂，陪都重慶為之震動。但日軍終因後援部署困難而放棄了攻擊計畫。這就成為抗戰過程國軍反守為攻的一個非常重要的轉捩點。此後一九四五年夏的湘西會戰與反攻桂林、柳州的戰役，對日軍進行了殲滅性的攻擊，一舉收復失地五萬二千平方公里，至此奠定了指向廣州的全面反攻的基礎。

史迪威的預言

同一時期，另一場反攻戰爭是在中國之外的緬甸進行的。

擔任中國戰區參謀長的史迪威將軍，對中國軍隊的作戰能力深具信心。他相信，只要有良好的訓練和先進的武器裝備，中國軍人絕對可與歐美、日本的軍人匹敵。

日本在首次緬甸戰役中，佔領了緬甸全境，阻斷了中國通過滇緬鐵路和公路獲取物資補給的生命線，使得美國援華物物資不得不依賴運輸機，飛越喜馬拉雅山的駝峰航線，運載量大為萎縮。

為了開闢新的陸路運輸路線，史迪威把戰敗的中國遠征軍送到英國在印度藍伽的訓練中心受訓。結訓後，他們在反攻緬北的戰役中，立刻就有優異表現。這些軍人營養充足，體力大增，有了新的武器裝備，配以重炮，作戰力大為提升。在史迪威指揮下，孫立人、李鴻、廖耀湘等將軍領導的部隊，在戰略戰術上都蓋過了日本的常勝軍久留米兵團。反攻緬北的軍事行動與修築新公路同時進行，這也是前所未有的嘗試。

第一次緬甸戰役時，潰敗的中國遠征軍和駐緬英軍在前面逃，日本佔領部隊在後面追，趾高氣揚的日本兵挖苦說，他們看到的總是「印度人的手（舉手投降）、英國人的屁股（逃生）和中國人的屍首」。如今，在反攻軍炮火猛烈的攻擊下，日軍死傷枕藉，面臨了糧彈耗竭，又無空中支援的困境。逃到森林裡的士兵，只能靠吃蟲子野菜生存，戰鬥力迅速流失。

苦嘗敗績的日軍，沿途有疲勞過度死亡的，有餓死病死的。躺在擔架上的傷兵，因缺乏消炎藥物，傷口發炎腐爛，連骨頭都露出來。病死時，同行夥伴連掩埋的力氣都沒有。日本兵把他們逃亡的公路叫做「屍體公路」。他們在日記中坦言，許多敵軍見到這種慘不忍睹的「地獄」景象，都故意繞開去，不再追逐他們。

反攻緬北一連串戰役的獲勝，印證了史迪威當年的預言。

「以德報怨」，得不償失

父親從會計核算的角度，對戰後國府的對日政策是很不以為然的。

他統計中國在抗戰時期的傷亡與損失，是從七七盧溝橋事變開始，到一九四五年八月十日日本無條件投降為止，歷時八年又一個月。這段期間，大規模會戰二十二次，重要戰鬥一千一百一十七次，小戰鬥三萬八千九百三十一次。官兵死傷人數，陸軍方面陣亡一百三十一萬九千九百五十八人，失蹤十三萬零一百二十六人，負傷一百七十六萬一千三百三十五人，合計三百二十一萬一千四百一十九人。空軍方面陣亡四千三百二十一人，負傷三百四十七人。海軍方面傷亡人數雖然不多，但全部艦艇都在開戰初期的江防封鎖與歷次作戰中，損失殆盡。至於人民直接間接的死傷則在二千萬以上，流離失所的人口達到一億以上。至於財產損毀、資源損失、稅收損失以及日本在控制區發行鈔票所造成損失，到一九四一年為止的初步估計，總數就達到國幣四百四十九億六千七百多萬元，約合一百三十二億五千九百多萬美元。在父親看來，這只是一個概略估計而已。精確的數字難以計算。在有形的數字之外，國家元氣大傷，才是最令人痛心的。

更不用說日本軍隊令人髮指的暴行。父親回憶，單是南京一地，日軍進城後的燒殺姦淫，用繩索把失去抵抗力的徒手士兵和無辜民眾，每數百人捆綁在一起，用機槍掃射，或用汽油焚燒。對婦女的強姦和姦後殘殺，更是不計其數，連老弱婦孺也不能倖免。後來重慶一家大報還在社論中強調，「我們這一代人是有力量替國家討還這一筆積欠已久的血債的。」誰知戰爭一結束，最高領袖在對全國軍民及世界人士的廣播中，一聲「以德報怨」，這筆血債就一筆勾銷了。父親對此憤憤難平。

父親指出，所謂「以德報怨」的政策，甚至不把日本軍隊當作戰敗部隊來對待，固然換來日本政府的感恩戴德，換來日本派遣軍司令岡村寧次等降將的感激，但實質上卻是得不償失。

（一）岡村寧次事後對人說，「我們打了敗仗，卻沒有一個人變成俘虜。照國際上的慣例，戰敗的軍隊被繳械，把軍官與士兵分別拘集，並分別受戰俘待遇，一般情形都是如此，蘇俄與中共均是如此，但我們日本卻不同，我們所受的稱呼，不稱俘虜而稱徒手官兵，就是說沒有武裝的軍人；」

（二）岡村寧次又說，何（應欽）總司令把中國政府一張派令遞交給我，稱我為「中國戰區日本官兵善後聯絡部長官」，把日本全軍及僑民的遣回事務，委託我來辦理，承認我的指揮權，使一百三十多萬的軍人，七十多萬的僑民順利遣回；

（三）每人准許帶回行李三十公斤。父親強調，此點我們要特別注意，每人三十公斤，日本人當然把他們在我國劫掠所得最寶貴最值錢的東西帶回，決不會把不值錢的破舊衣物帶回。遣回二百多萬，即被帶去了寶物六千多萬公斤；

（四）在幾個月內，日本人全部遣回。日本人原先散布在我國全國各地，我國政府動員了全國各地各種交通工具，把日本人送到沿江沿海交通大埠，再用輪船送到日本本國，幾乎把我國各地水陸交通工具統統佔用了，日本人回國利用其攜回的寶物與人力，迅速復甦其國力，而我國呢？反而因遣回日本人而佔用了大部分交通工具，致使共黨坐大則運補受阻，難民還鄉又運補受阻，工廠遷回則運補受阻，各種建設又運補受阻，馴致共黨坐大，大陸失陷，避難來臺，我國直接間接有形無形的損失，更不可以數計。

在如此種種情形之下，我國政府與人民不但做到了「不念舊惡」，「以德報怨」，「待人如己」，「要愛敵人」等各種美德，甚至把一切都奉獻給日本，而自己忘得一乾二淨了。然而，日本對我國除了口口聲聲說感恩之外，有何對得起我國的事實？望大家想一想。有沒有？望大家想一想。曰有有有，就是日本與中共建交，與我國斷絕外交關係。嗚呼。

這一番痛心憤慨的話，從父親的嘴裡說出來，是老軍需無的放矢的牢騷話？還是警世通言？國家之間沒有永遠的朋友，沒有永遠的敵人，只有永遠的利益。對於至今還緊抱日本大腿的人，父親這番話也許有值得深省之處。

第四章
《醒回篇》的時代啟示

二十世紀初，從中國到日本留學的學生當中，也有回族青年。他們在一九〇七年十一月，齊集東京江戶川亭，一共有三十六名留學生，開了第一次全體大會，正式成立一個名叫「留東清真教育會」的留學生社團。第二年年初，他們決定創辦一個會刊，起先名叫《勸告清真同教書》，後改為《醒回篇》出版。會刊所收集的文章，主要內容是探討伊斯蘭教的興衰原由，評論列強對中國的侵略和滿清政府的腐敗。《醒回篇》特別指出，中國伊斯蘭教徒的命運和國家的命運是休戚與共的，愛教必須愛國，愛國必須愛教，但要振興伊斯蘭教，首先就須從改良宗教，普及教育，滌除陋習著手。

「留東清真教育會」的創建人當中，就有一位來自遼寧的女留學生楊啟東。在這本只出版了一期的《醒回篇》中，有一篇文章特別指出「女子拘謹無學，首推吾教。」婦女沒有受教育的機會的確是回族的一大問題。這個傳統不但在中國是如此，在世界其他地方也是一樣。留學日本實踐女學校的楊啟東，無疑是衝破這一層樊籬的第一人，我的母親仝道雲也是回族婦女的後起之秀。她在南京東南大學畢業後，曾到日本早稻田大學研究。她堅信必須通過教育來提升回族女性的地位。

母親的家族早年是從波斯輾轉移民來中國的。根據《仝氏家譜》的記載，仝姓原為童姓，世居長安。童姓始祖童小橋，為清代皇太子的御教師，在傳授武術時，不慎誤傷皇太子致死，所以全家老小倉皇從陝西西安府金臺山逃到安徽和州定居，改為仝姓，為懷念祖籍，故家族的祠堂名叫「金台堂」。後來她的家族又遷到南京。母親的先人仝朝臣曾是康熙八年的和州武舉，也就是武術方面的舉人，可見她的家族是有「尚武」傳統的。母親年幼時就有獨立的男子氣概，所以才會去追求新思想，以教育為志業，才會衝出繡閣，走向社會，並且隻身到日本留學。這在當時的回族傳統中，是鳳毛麟角的。

北伐年代的愛情

我母親和我父親的結合也很奇妙。父親是孔子門徒閔子騫的後代，閔氏家族早先是發源於西北的甘肅蘭州一代。在孔門弟子中閔子騫是以孝順聞名的。父親的家族很早就遷到江蘇的南匯定居。父親最早接觸到革命新思潮是在就讀松江府中學堂時期。當時孫中山先生辭去臨時大總統職務後，即來遊松江，地方賢達在松江府中學堂隔壁的景賢女子中學的大禮堂，召開了盛大的歡迎會。父親當然不會放過這個一睹孫先生風采的難得機會。他去聆聽孫先生的講話。孫先生闡述了政黨政治，喚醒國民注意國家施政。他的聲音嘹亮，聽者無不興奮。父親第一次聽他講話，也不免為之動容。吸引力之強實無人能出其右。

後來父親因家貧而考進公費的軍需學校，這間學校也就是孫先生在南京就任臨時大總統時期首創的。首任校長張敘忠也是孫先生親自委派的，校址設在南京臚政牌樓。黃埔軍校成立後，父親的軍需學校學長俞飛鵬擔任軍校經理部副主任，父親也奉派為軍校教導第三團上尉軍需，團長是錢大鈞將軍。後來父親調任為第二十師少校軍需，那時所有軍隊都編為國民革命軍，積極準備北伐。

根據南匯縣誌的記載，在一九二〇年代初期，江浙地區是受到軍閥勢力的盤踞，國民黨代表的是進步的力量，一九二五年，南匯縣有閔湘帆等人祕密加入中國國民黨。以「反列強，除軍閥」為目標的北伐軍，在東路前敵總指揮白崇禧將軍的率領下，擊敗了孫傳芳的北洋軍閥部隊，一九二七年二月收復了杭州，沿著滬杭鐵路線進軍上海。還未到達上海的前一天，臨近的南匯就先行起義，推翻了軍閥政府。當時父親和他的同志是在我們老家南匯新場鎮密謀策劃起義行動的。第二天，一九二七年三月十八日，上海光復。南匯人認為這一天也是南匯的光榮日，就定為南匯光復節。父親和他的同志一九二七年三月成立中國國民黨南匯縣執行委員會。可是北伐軍到上海之後，為了肅清共黨份子，國民黨實行「清黨」，逮捕了不少人，在南匯改組了縣黨部。不知是什麼原因，我父親等七名國民黨縣執行委員也遭到通緝。

從隸屬的淵源上說，父親從松江府中學堂畢業後，曾進入朝陽大學法科就讀，也曾回到南匯家鄉短期教書，軍需學校畢業後到廣州，在黃埔軍校教導團第三團擔任上尉軍需，可說是父親畢生事業的起源。以後他進入陸軍大學，畢業後一直都是在軍需單位，也就是後來擴大的聯勤部門服務。文職方面則是被調派到政府的會計、主計系統中工作。

我母親原籍雖是安徽和縣人，但她從小就隨父叔宦遊四方，經年不一返里。我的外祖父後來就以祖母娘家所住的南京為第二故鄉。南京原是江蘇省會，距離安徽和縣並不遠。母親幼年就學，長而就業，都以南京為中心。她大學讀的是東南大學前身的南京高等師範學堂。在當時算是女子入學開風氣之先的人物。畢業後就給家鄉前輩委聘為安徽亳縣中學校長。以一個剛滿二十歲的女子擔任校長，是令人刮目相看的。而不久又逢國民革命軍誓師北伐，母親就在時任革命軍總政治部主任的鄉前輩吳稚暉先生的號召下，辭去教職，投筆從戎，在南京加入了北伐軍的行列。母親在革命軍政治部宣傳處藝術科擔任書畫股長。（科長為著名畫家梁鼎銘先生）她率同男女同志奔赴安徽蚌埠前線，參加作戰。母親所作的壁報戰報，繪影繪形，激勵了民心士氣，令軍閥部隊聞風喪膽。

北伐可說是促成我父母親結合的一個重要際遇。他們在一九二一年相識，一九二八年在南京結婚。從那時開始，父親就成了伊斯蘭教信徒。

我母親婚前已是國民黨中央組織部的幹事，擔任黨員的訓練與考核的工作，與當時領導國民黨組織部的陳果夫、陳立夫兄弟，有密切的工作關係。有一張一九二九年四月八日在南京國民黨中央黨部禮堂門前拍攝的照片，很有史料價值，那是全國大學及專門學校黨義教師檢定委員會全體職員的合影。站在前排的都是當年炙手可熱的人物，有五四運動的學生領袖羅家倫，國民黨中央調查統計局第二號人物，陳立夫的副手徐恩曾，代理組織部部長陳果夫，清華大學校長蔣夢麟，國民黨「改組派」的要角，後為國府社會部部長的谷正綱，後來擔任陝西省主席的邵力子。站在後排的是顧建中、吳挹輝、張厲生、仝道雲、周伯良、葉秀峰。這些人除了周伯良在一九三六年不幸病歿之外，日後也都在國民黨和政府中擔任要職。

一九二九年，我母親二十七歲，在這些檢定委員中年紀最小，也是唯一的女性。那時還是與我父親新婚的的第二年。周伯良當時同母親是在中央調查統計局的同事。他是總務科科長，母親是副科長。周病歿後，母親對他的家人一直關心照顧。根據他兒子周茂文的回憶，「我拜仝道雲為『乾娘』，南京人亦稱『寄拜娘』，即通稱『義母』。我幼時，據我媽媽常常講起：仝媽媽很喜歡我，穿的小衣服，玩的玩具，都是她給我買的……一直到一九六六年「文革」，我家中保存幾張仝道雲的照片。」

最年輕的女督學

母親一九二九年應陝西省教育廳長李範一先生的邀請，去到西安，擔任陝西省立西安高級中學的教務主任。後又成為當時陝西教育廳最年輕的女督學。那時的陝西剛經歷過連續兩年的大饑荒和瘟疫，餓死不少人。促使母親毅然來到這裡的一個原因是，這塊偏遠之地有很多回族人口。那時西安成立了「災童教養院」，由原籍山西太原的穆斯林尹光宇先生擔任院長，母親很快就投入了災童救濟和教育的工作。在西安的回族父老眼中，對這位「可愛的回族少女」的膽識和對事業的追求，留有深刻的印象。

之後不久，母親大約因為水土不服得了病，在教育廳無人照料，當時有一位實業家馮夢麟長老知道後，立即派人將她送到教會辦的廣仁醫院，並找人伺候穆斯林飲食，關心探病。母親病癒出院後，馮長老還把她接到自己家中調養，由他的夫人照料，所以母親拜他們為義父義母。馮夢霖長老會同西安清真大寺的馬謙益教長、南城清真寺的馬元吉教長，及地方知名老人蘇房山、孫錦雲等，創辦了一個陝西回教救災會，到處募捐，給災民發放糧食，又在清真大寺前院設場熬粥，母親也去幫忙，慰問災民。她為救災會的募捐跑遍了回族各地的清真寺。救災工作結束後，為了需要有一個永久性的組織，馮長老發起成立了「中國回教公會陝西省分會」。在清真大寺舉辦成立大會時，母親還當著來賓和一千多名穆斯林老少發表了演講。她在演說中指出，陝西回民多，西安又是西北地區的穆斯林重鎮，但是教育落後，思想保守。女子教育更談不上。她希望公會喚起民眾，把回族的教育提升起來。

母親的演講引起很大的震動，得到熱烈掌聲。母親在陝西省教育廳任職期間，回族地區只有幾所簡陋的初級小學，畢業的學生要到回坊以外的高小繼續升學，都有許多困難。母親到任後就盡力協助回族長老馮夢麟同陝西教育廳長交涉，還陪同他去拜訪當時的省主席楊虎城，終於在一九三二年由省政府政務會議通過，在回族居住區設立一所從初小到高小的完整小學。

馮夢麟長老欽佩母親的才華與人品，他顯然也受到母親當年演講的感動，兩年之後，他自己出錢創辦了西安第一所回族女子小學：西安私立淑德小學。在當時保守的回族社區，就有五十多位家長以母親為榜樣，送自己的女兒入學。這就是西安第一批穆斯林女學生。

馮夢麟長老去世後，我父親在西安工作期間，已調職到南京的母親前來西安，兩人還特別到馮家探視，為馮長老掃墓。當時他只有九歲的兒子馮增烈還記得，我父母親沐浴後，冒著隆冬的風寒，前往馮老的墓前跪拜誦經祈禱的情景。

戰雲密布的環境

母親在國民黨內做到的最高職位是中央組織部總幹事，負責宣傳教育方面的工作。她曾參加過由一些熱血青年組成的激進抗日團體「鑄魂學社」。她離開中央調查統計局後，抗戰期間，隨著政府遷到武漢，後又撤退到四川重慶，她先後擔任後方勤務總司令部的撫恤委員會委員、國府賑濟委員會委員、及軍委會政治部設計委員會委員。這些職務有的是文職，有的是軍職，母親的軍職官階是少將。

抗戰期間，由於母親從事的是救助難民與兒童福利的工作，兼具文職與軍職的雙重身分，對她溝通政府部門和軍方單位，有許多便利。賑濟委員會的成立是為了配合國府西遷、戰局轉移的需要，把抗戰之初行政院設立的「非常時期難民救濟委員會」和內政部民政司底下的救濟單位合併起來，以適應新形勢。賑濟委員會的任務是要協調各省市的救濟機關與慈善組織，將難民運送到全國八個救濟區的的救濟站中，使他們有住處有飯吃。

在流離失所的情況下，命運最悲慘的是兒童。有一位在戰區採訪的著名美國女記者斯特朗（Anna Louise Strong）曾在報導中指出，「到處是死嬰，到處是兒童的屍體，……到處聽到的都是哀哭無助的戰區兒童的聲音。」他們有的喪失父母，有的是陣亡將士的遺孤。為此，賑濟委員會在各地開辦「兒童教養院」來收容教養，作為難童保姆。

在戰雲密布的環境，母親當時的救濟工作絕不比荷槍上前線來得輕鬆。在緊急時刻，她必須協調不同的單位，重慶與貴陽等地奔波，在缺乏車輛船隻，道路崎嶇難行的情況下，想辦法調用各種交通工具，將一批批難民和婦孺安全地運到後方。根據政府在戰後的統計，八年抗戰期間，在各地開辦的難民收容所達到三千家，收容的難民總數超過一千兩百萬人。災難深重的中國，顛沛流離的百姓，無助的孩童，兒童保育機構在戰區能搶救的只是很少一部分。這些數字裡包含了我母親不為人知的辛勞。

母親除了參與戰區的救援工作外，她在回教協會中也奔走呼籲回族婦女投入抗日的隊伍。母親的信念是，在國家危急存亡的關鍵時刻，國家的利益就是回族的利益，這是不容任何人置身事外的。就這一點來說，愛國與愛教是合一的。抗戰之初，回教人士自發地組團到其他的穆斯林國家訪問，宣達日本侵略的不義，希望友邦支持我們的國家，就是這種愛國愛教的精神表現。

吃「八寶飯」的日子

父親一生奉公守法，勤儉樸實，抗戰期間他擔負責任重大事務繁忙的軍政部會計長職位，不但掌管全國五百多萬軍隊和各級軍事機關的糧餉軍需，同時還要為戰後重建國防的計畫編制預算，所以時常要把日間來不及做完的工作帶回家中漏夜趕辦。

那時我們家住在重慶臨江門內夫子池附近的川鹽四里。我還記得，小時候在重慶，家裡的日常生活是簡單樸素的。父親不愛油膩葷腥，平日的菜飯多以蔬菜為主，少有大魚大肉。那時吃的飯，是當地人戲稱的「八寶飯」，也就是為戰備而長期貯藏的發黴夾帶沙石的大米，摻有雜糧糠秕，發紅發綠，五顏六色。當時的環境是如此，我們小孩子吃習慣了，沒有選擇，沒有比較，也分辨不出好壞。我們初到重慶時，住在一個雜院後樓的樓上，後來搬到離父親辦公室較近的川鹽四里一座租屋中，都是自付房租，不用公款。

父親平時練點功夫健身，平時都穿碎布條結紮的草鞋，襪子比較容易破，他空閒時還自己挑針引線補襪子。母親當時大概忙得連做家務的時間都沒有。據家族長輩說，有一回，委員長在重慶黃山召開高級將領例會，輪到父親報告他所規劃的國防預算時，因時值盛暑，大家都奉命可脫掉軍服上裝，可是父親卻脫不下上裝，因為他的襯衫有許多補丁，而父親又不是一個喜歡自我宣傳的人，結果弄得汗流浹背，十分尷尬。不過，瞭解父親的人都說，如果中國官員都能如此清廉儉樸，吏治清明，我們後來就不會逃難了。

父親在軍政部會計長任內的功績受到肯定，一九四四年獲得國民政府頒發的三等雲麾勳章。

抗戰勝利後，父母親復員回到了上海。父親先同他的鄉前輩錢大鈞同機飛去，錢大鈞去就任上海特別市市長，父親也轉調文職，成為上海市的會計長，掌管全市的預算。當時公家曾分配一間花園洋房給父親作為官邸，但他堅決不肯遷入，寧願住在一間普通旅館中，等待我母親前來。這不是他的矯情，而是性格如此。母親去到後，搬進虹口區長春路三七三號市府的一棟四層樓宿舍的三樓，科長級住房。

主計長與參議員

母親到上海後，卸下了賑濟委員會的重擔，但仍盡力為戰爭中創傷的貧民，尤其是老弱貧病者，爭取福利。凡是修補道路，裝設自來水管，添裝市區路燈與電話等事，母親無不奔走協助。我們所在的地區有許多失學兒童，為了請求增設中小學校，母親都親自去市府教育局交涉。

所以在政府辦理地方選舉之前，母親早為民眾所愛戴。選舉一開辦，她決定參選上海市參議員時，許多穆斯林選民和學生家長都主動為她助選。選區內大部分家庭都是她平時去過的，大多數居民，不分男女老幼，都認識她。母親得到的支持令其他候選人心驚。臨到選舉之日，整個上午幾乎都是投票給母親的人。其他候選人一看情況不妙，情急之下，紛紛登門求救。母親拗不過情面，只好親自到每個投票所發表聲明說，「本人選票已夠，謝謝選民，請另賜票給其他人。」母親離開一個投票所後，還請人駐守代言，說明她已親自來致謝，煩請另選其他人。自來任何選舉都是候選人情商面托，請求賜票給本人，從沒有候選人要求選舉他人免選本人的情況。母親的做法在當時是聞所未聞的稀有創舉。對她來說這是牛刀初試，卻以高票當選，成為十七區（北四川路）的參議員。

在母親力爭下，由市府增加撥款九億法幣，設立了婦女救濟所、育幼院、習藝所和難民難童教養所等慈善事業。對於當地回民住區的飲用水問題，也經她的奔走，接通了自來水，不但使得清真寺有沐浴水可用，也為周圍的市民解決了飲水問題。在北四川路一帶的青雲、建國和基本三所小學，由於經費短缺而瀕於停辦，也是母親出面奔走才能繼續營運。母親自己還創辦了一所收費低廉的匯山小學，讓貧苦家庭的回漢兒童都有入學的機會。

在上海市為數不多的女性參議員當中，母親是有影響力的代表人物。在參議會中爭論最多的是房東加租問題和公用事業漲價問題，這些都關係到市民生活的切身利益。由於通貨膨脹的因素，房租與幣值的比例數和物價脫節，房東要求房租按照物價上漲比例調整，而房客則要求按照原規定的比例付租，因此房租糾紛普遍發生。有的議員代表房東的利益，有的代表房客的利益，很難求得共識，因為根本的問題是在於通貨膨脹，通脹問題卻不是一個上海市所能解決的。在這方面，母親的立場是竭力維護小市民的利益。她也義不容辭地成為上海回民的代言人。

在母親的參議員任內，有一個事件予人印象深刻。那是在母親老家安徽和縣發生的老百姓無辜被軍隊關押的事件。和縣的民船沿著河道，往來和縣到無錫下江的口岸，從事運輸貿易。當時內戰已爆發，社會治安不靖。往來船隻最怕的是在口岸停靠時被駐守部隊藉口盤查而敲詐一筆買路錢，或被封船運糧。

一九四八年夏天，和縣的民船公會理事長與人談完交易回到公會，突然就被一個軍官押走。那個不速之客藉口和縣民船公會在西梁山口封了一條他們家鄉的船，而就在前一天晚上，那條船遭颱風襲擊，船主淹死，死者家屬已告到他們駐采石的炮兵團團部。那個軍官要押著公會理事長到采石去賠償損失，支付死者家屬的生活費用。民船公會人員辯駁說，封船運糧是軍隊幹的事，公會的業務只是調遣船隻應差，而且西梁山有他們自己的民船公會，是不受和縣管轄的。但那名軍官毫不理會，下令身旁士兵把人押走了。

和縣民船公會的理事們群情激憤，決心將這起持槍綁架事件上告縣府，要求縣府發函到該團部，立刻放人，同時也將此事上報和縣商工會，呼籲他們派人去采石交涉。結果發現，采石的炮兵團已把人押送到南京衛戍司令部了。對和縣工商會的聯名抗議書置之不理。他們只好自己派人去調查，在蕪湖駐軍單位，找到了當時封船的證明，作為封船負責單位的物證。同時派人到南京衛戍區司令部的監所查詢和縣民船公會理事長的下落，準備採取法律行動。

這樣折騰了兩個多月，一直無法解決，最後聯繫到我母親和羅北辰。他們接到聯名抗議書後，保證查明真相，一定會解決。結果不到五天，那位理事長就無條件被釋放了。母親和羅北辰辦事的果斷明快，廣受稱道。

軍隊綁架敲詐的事件只是冰山一角。問題在於兩顆原子彈帶來的抗戰勝利，來得太突然，一切準備工作還未就緒，政府就得倉促安排各種人事佈局。在忙亂之中，復員產生的風氣很壞。接收變成「劫收」，日本人留下的企業或被肢解，或陷停滯，不少民營工廠被任意指為偽產而封閉，以致工人失業，機器生銹。有些工廠，一間廠房門上貼了幾個封條，也就是有幾個單位要來搶佔。公家的辦公室，軍事設施也是如此。當時市民流傳的「五子登科」是指接收者大肆搜刮金子、銀子、房子、車子、料子，作威作福。

在內戰的險惡局勢下，許多光怪陸離的事仍然不斷發生。上海市必須編列預算，為京滬杭防衛部隊提供糧餉營房，但司令部的官長卻在吃空缺，盜賣汽油。為了浮報員額，甚至有到寺廟裡要和尚列隊穿上軍裝點名充數的事。這些事自然瞞不過軍需官出身的父親的「法眼」。

那個時期，上海市工人的罷工示威行動幾乎天天都發生。由於三千名清道夫罷工，與人同高的垃圾堆在街頭，影響市容，危害健康。市政府與工會的談判陷入僵局，委員長侍從室出身的錢大鈞只得黯然下臺，換上幹練的留美學人吳國楨。他到任後召集工人代表談話，查明他們不滿的原委，保證為他們解決問題，結果工人結束了罷工，三兩天就清理好全市堆積的垃圾。

內戰開打後，龐大的軍費開支使得通貨膨脹益形猖獗，內戰期間的上海，各行業的罷工事件層出不窮，無日無之。據上海市政局統計，單是一九四七年，罷工和勞工糾紛次數就達到創紀錄的二五三七次。臨危受命的吳國楨，幾乎每天都要和他的社會局長吳開先商量對策，與各方周旋。物價飛漲，工人改善生活的期望很快落空，工資不足以維持生活，所以，雖然南京政府在一九四七年七月頒佈「總動員令」，禁止罷工，工人還是紛紛採取罷工怠工的手段來為自己爭權益。

如何解決工人罷工停產的問題？單是從日本人手中接收的大型紡織業，就有八萬七千工人，他們要求增加年終獎金，否則就以罷工威脅。英商法商電車司機若對加薪的談判進展不滿意，他們就用不收車票的手法來怠工，對資方施壓力。

工人工資結算的方式，按中央政府在一九四七年二月十六日宣布的緊急經濟改革方案，是將所有工資都固定在一月份的水平上，最高工資依據大米、麵粉、棉紗、布、燃料、鹽、糖、食用油等基本商品的價格來確定。中央政府還計劃將基本商品直接發放到工廠，以固定價格分發給工人。政府公教人員也能得到這些基本商品。但問題是，由這些民生必需品構成的生活成本指數，隨著通貨膨脹而不斷升高，所以工資水平是不可能「固定」的。要求調整工資，增發食用品補貼和年終獎金，自然成為勞工抗爭的主調。

上海這個六百萬人的大城市，又是全國工業生產中心，糧食原料燃料不可能自給自足。在戰亂環境，周邊農村若不能維持主副食品的供應，價格立刻飛漲。這是無法控制的因素帶來的限制。

在這樣的惡劣環境下，作為市府的會計長，父親和他領導的會計處團隊在編審歲入歲出的總預算方面，不斷要和通貨膨脹搏鬥，以平抑物價。他並且還要提出新的方案，與市參議會溝通，設法靠新的整理稅收方案來開源節流。這幾乎是不可能的任務。但即使在這樣困難的環境，上海市仍能靠發行公債和徵收市政建設捐來平衡城市預算。對上海來說，能夠不靠中央補貼而生存，也是前所未有的。

美國《生活》（*Life*）雜誌在一九四七年七月二十一日的一篇報導，曾讚揚吳國楨以勤勞幹練及靈活的辦事手腕，贏得了這個國際城市的中外人士的尊敬。

但在平衡預算、平抑物價方面，父親與他的市府會計處團隊是功不可沒的。父親後來因健康緣故提出辭職時，上海市參議會的參議員還聯名寫信給吳國楨市長，希望挽留他。那封聯名信是這樣寫的：

> 市長鈞鑒，閱報藉悉，鈞府閔會計長湘帆，近以健康關係，提出辭職，查閔會計長自本市復員之始，來滬主持計政，歷時三載有半，精心擘畫，勞績卓著，其與本會保持密切合作，輿情允洽，尤堪稱道。當茲時局動盪之際，正賴賢者匡濟時艱，未可遽任高

蹈，除由同仁等連署挽留外，謹再奉請鈞座，同予慰留，以重計政，而順輿情，附呈連署名冊一份，並請鑒察，專肅敬請

鈞安

市參議員　名正肅（一九四九）三月二十五日

母親的安徽選戰

一九四八年，國民政府結束訓政時期，開始行憲，我的父母親也同時被推舉去競選國大代表和立法委員。父親是依照憲法第一百三十五條的規定，競選「生活習慣特殊」地區的國大代表，結果以高票當選。

母親則返回安徽原籍，競選那裡的婦女界立法委員。安徽全省當時的人口有三千多萬人，婦女立委名額只有兩名，以全省作為選區，所以各縣市都在選區範圍內。不像男性立委的名額多，選區小。當時女性候選人有八名，只有兩名是正選，兩名是候補。選區大，對手多，路途遙遠，競選工作不易推展。行憲與民意代表的選舉，在當時的中國是一件空前大事。安徽雖然鄰近南京，但當時交通不便，加上在上海工作的關係，母親很少有機會返回故鄉，更少機會遍訪全省，人地都不熟悉，但她卻雄心萬丈。

母親首先拜訪了鄉長陳紫楓先生，陳老告訴她說，上海聖約翰大學教授傳統先也是回族，他對母親在上海擔任參議員的成績很佩服，鼓勵母親爭取選上立委。陳老熱心介紹了安徽各地有聲望的鄉賢，並找秘書寫了介紹信，要母親親自到各縣去走一趟。母親隨即動身前往安徽省會合肥，拜見李品仙省主席，李主席即表歡迎，但母親久在南京上海工作，對安徽各縣恐怕人頭不熟。母親單人匹馬，手持介紹信拜訪了十四縣的鄉賢前輩。每位鄉賢都高興地答應協助。

她立即回上海籌備競選工作。先成立競選總部，印製宣傳品、相片，擬訂競選工作細節，並編訂走訪日程。安徽各地鄉賢的住處就成了母親的聯絡站和文宣收發處，一切文宣資料都預先寄到那裡，所以到處都有文宣資料可用，不必沿途攜帶。

在第二次擴大的選區訪問中，母親帶上了一位秘書，一位掌管文書的助理，一位處理雜物的助理，三人同車踏上征途。從夏天到秋冬，一共訪問了四十九縣。每到一縣就拜會當地的民眾團體、婦女會、回民協會和縣府各機關以及社會的有力人士，然後她就排時間，對群眾作巡迴講演，同時散發文宣資料和相片。參加演講會的民眾可說人山人海，非常擁擠。

安徽是一個回族人口較多的省份，尤其是北部和中部，這些縣份十之八九都有好的回教飯館，沿途飲食毫無困難，而回民的選票也是一項決勝的因素。

完成選區訪問後，母親又馬不停蹄地趕回南京辦理提名手續。單是提名就忙了將近一個月，那些主持選務的人員都太忙，要接待的人也太多，把履歷當文件交給他們，往往不是忘了就是弄丟了，連他們的秘書也找不到，只好耐心的等，不斷地催，才能有一些眉目。直到正式的提名日，人人都還懸了一顆心，第二天見報，榜上有名，才放下心來。提名完成後，母親又趕回上海，繼續進行競選工作，與各地助選人聯絡，寄發文宣資料，靜待選後佳音。

終於投票日到來，計票結束後，母親得到內政部通知，獲得了四十二萬票當選，為全省第一高票。相對來說，安徽省的男性立委，由於選區小，只要幾萬張選票就可以當選。所謂婦女名額對婦女參選人是助力還是阻力？說來費人思量。

母親當選立委後，按法律規定，不能兼任上海市參議員。母親選區的民眾為了表彰她為民服務的表現，特別為她立了一個「全參議員道雲去思碑」，存放在她的選區——上海市第十七區（北四川路區）區公所。其中特別指出母親是「以不櫛進士而饒有丈夫氣，居恒關心民瘼，輒往各戶訪問，市民愛戴異口同聲。」母親在任內所辦的慈善事業和推廣教育工作，也獲得讚揚。

可惜的是，由於戰亂，當選立委的母親無法在她祖居的老家安徽，一展服務桑梓的抱負，對母親來說，這恐怕是她一生中的一大抱憾。

第五章　穆斯林的心路足跡

中國的穆斯林如何確定伊斯蘭開齋節在中國的日期？這個問題，我母親年輕的時候就很關心，也感興趣。母親的探討是十分認真的。據高文遠先生的回憶，他青年時期在南京求學，就和我母親認識。每年的開齋節與忠孝節都在「淨覺寺」聚會。當時母親是參加討論的唯一女性。他還記得母親頭戴回教黑色蓋頭，身穿一襲清素的長袖長袍，談吐非常謙虛、含蓄，但在清真寺裡談到宗教的儀禮問題時，母親卻有利用現代科學的想法。

當時開齋節「爾德」之前，「看月」就成了一個難題，因為南京日落時雲霧較多，看月比較困難。參加聚會的唐柯三、王曾善、孫繩武、艾沙諸先生，以及淨覺寺的教長、中央大學、金陵大學和蒙藏學校的同學，都討論要確定哪一天開齋的問題。時間在禮主麻拜之後，但究竟是哪一天呢？有人主張農曆初三日開齋，在中國的回教徒習慣上有「老初三」的說法。也有人說，按回教教義規定，一定要「看月」，看見之後，第二天就是開齋節「爾德」。不看是不行的，老是定「老初三」也是不合理的。還有人說，南京因為霧氣多，日落後看月不一定見到

「新月」。

這時我母親就想出了一個解決的辦法。她說：「南京北極閣有一座天文臺，我們用清真寺的名義寫信給天文臺，請他們利用天文臺儀器，代為『看月』，比較準確、省事。」那時在現場的人大家都覺得這個意見很好，決定由清真寺寫信到天文臺，請代為「看月」。三天後收到回復的公文說：「根據精確計算，本月太陰曆大建朔日下午幾時、幾分、幾秒新月準時出現，那正是貴寺所問的新月了。這是上弦新月出現的時間，用不著代看新月。天文臺的這件復函實質上否定了「看月」的規定，而是以推算的方式取代，但這又出了問題。科學的精確推算能夠得到宗教的認可嗎？大家又討論教規能不能「承領」這樣的方式。討論了老半天，最後還是由淨覺寺的教長提出：「經文上說，如有困難，則全美三十天的規定，我們是本月初三日封的齋，下月初三日開齋，就是全美了三十天。」大家才無異議通過。

當時大家又覺得，為了開齋節看月的問題，由淨覺寺具名致函天文臺，在體制上似乎不大合適，而且回教本身沒有一個研究機構，實在也說不過去。經過一再商討，組織了一個「中國回教青年學會」，來研究處理這類問題。不但擬定了組織章程，推出五人為籌備委員，向內政部申請立案，經核准後召開了成立大會，南京的中央大學、金陵大學、中央政治學校的回教學生都參加開會，選出唐柯三、王曾善、艾沙、孫繩武和我母親五人為理事，此後一切有關宗教的問題，都由「青年學會」來負責研究處理。

抗日戰爭時期，重慶的兩所清真寺盡毀於日機的狂襲濫炸之下，當時重慶的熱心回胞在一片瓦礫的廢墟上，重建了十八梯清真寺。新寺還附設了女寺，以方便穆斯林婦女的禮拜活動。新寺的第一任教長是聘請南京知名的大阿訇馬松亭老師擔任，馬松亭由兩個女兒馬國靖、馬素琴陪同，在侄子護送下，一九四二年離開了淪陷區，來到重慶。當時馬素琴已是南京大輝巷清真女學的女阿訇，正好可去主持新建的女寺。可是剛建好的女寺只有三個空蕩蕩的房間，什麼家具都沒有。我母親就自告奮勇，出錢出力，還主動聯繫了重慶當地知名的穆斯林婦女，一起籌集資金。她還抽出時間，為女寺設計，親自到市場去購買家具用品。短短幾天內就把空無一物的房間布置一新，安排馬素琴去擔任女阿訇，以迎接齋月的到來，使重慶的穆斯林婦女能有一個安靜舒適的宗教活動場所。

抗戰結束，母親去到上海後，見到位於貧民區的藥水弄清真寺和雲生小學都很破舊。清真寺年久失修，搖搖欲墜，相當危險。母親為此去奔走募款，以圖修繕。區內沒有自來水，只有一個公用給水站，被甲長把持，高價售水，盤剝當地居民。清真寺的禮拜用水，也要到這個給水站去排隊買水，十分不便。母親以市參議員的身分，要求政府裝設一個公用給水站，站點就設在清真寺大門口。這不但解決了清真寺的用水問題，壓低了水價，也立即緩解了四周居民用水的困難。使得去禮拜的居民增多了，特別是主麻日。附近的居民和清真寺長老，對母親的奔走和父親的襄助都很感激。

那時候，還有一位馬文孝長老在上海主持小桃園清真寺，那是全國哈吉（朝覲者）出入國門的大寺，也有用水不足的問題。父親知道後，一口承擔下來，水源問題很快就解決了。但沒有人知道是他去奔走的。

父母親的善行善事，平常在家中是從不對子女說的。我們也無從知道，後來明白一些事情，是在父母過世後，從長輩叔伯和親友追憶的文章才知道的。

臺北清真大寺

一九四七年，南京的中國回教協會已考慮在臺灣設立分會，由經營玉石的永寶齋創辦人常子萱在臺北負責發展教務。不久，由於到臺灣的回教人士日漸增多，大家就集資在臺北麗水街的一個巷子裡，買下一棟日式房屋，充作禮拜之所，這是臺北第一座清真寺的由來。每週主麻和教義宣揚的教務，都循然有序地進行。南京的回教協會也是在這裡復會的。人數大增，每年大小開齋節聖紀聚禮的人潮，使得麗水街房舍的有限空間容納不下，不能不考慮建立新寺的問題。母親從大陸時期就是回協常務理事，她對建寺計畫自然熱心積極。當時在國際上支持我們政府的有許多都是中東回教國家，他們的元首前來訪問，不能沒有一個莊嚴像樣的禮拜之地。所以當時的外交部長葉公超，對此也積極贊助。建寺委員會由回協理事長白崇禧和時子周等長老組成。除教胞集資外，主要是由葉部長擔保，向臺灣銀行貸款新臺幣九百萬元，在臺北市新生南路建立了一座有中東回教風格的大清真寺。有一位曾在外交部門工作的曼蘇爾・馬後來回憶說，清真大寺從一九六〇年代開始，帶來了臺灣回教的鼎盛時期，飲水思源，對建寺的籌劃、工程設計及督導，出力最多的是常子萱、鐵廣濤等長老，但在獲取政府財力支持，功勞最大的是我的父母親和白建民委員等人。可是幾十年來卻從未聽聞他們自己談起他們對建寺的貢獻。

回協理事長一直是由著名將領白崇禧擔任，但蔣介石對白將軍始終有心結存在。北伐時期，李（宗仁）、白（崇禧）領導的桂系部隊是常勝軍，抗戰時期「台兒莊」、「崑崙關」等殲敵戰役是李、白所指揮。行憲的首次總統副總統選舉，李宗仁出來競選副總統，擊敗了孫科而當選，打亂了蔣介石的佈局，蔣懷疑是白出力助李競選。因此來到臺灣，蔣介石憑藉國民黨「中央改造委員會」確立了傳子接班的佈局，靠特務系統掌握了黨、政、軍大權後，便要開始算舊賬。當時已無實權的白崇禧將軍，擔任「戰略顧問委員會」副主任委員，不論他到哪裡，包括到清真寺禮拜，總有一輛特務人員的吉普車跟蹤監視，一直到他去世。白將軍曾寫過一封密函給蔣介石，詰問此事，但情況依舊，使他的心情極為鬱悶。蔣父子去世後，白將軍的兒子名作家白先勇近年才公佈了密函，寫出這段隱情。

白將軍在教胞中的地位崇高，他是回協創辦人，回協理事長的職位也是眾望所歸。到臺訪問的回教國家元首及政府首腦到臺北清真寺禮拜，都由他出面接待。蔣父子對此也不放心，而且友邦元首若邀請他出國訪問，他實際上無法成行，也造成尷尬。事實上，一九五九年三月來臺訪問的約旦胡笙國王就曾當面邀請白將軍訪問約旦，並到麥加朝覲。對穆斯林來說，到麥加聖地朝覲是一生中最重要的大事。但白將軍的出國申請卻始終未獲批准。蔣經國領導的特務系統放話，要他辭掉理事長的職位，否則將另組一個「回協」來打對臺。白將軍只得「因病」請辭，由德高望重的譯經名家時子周長老繼任理事長。

母親多年來一直是回協常務理事，父親也在回協中擔任常務監事。

六信五功，聖地朝覲

伊斯蘭的精神，顧名思義，就是「和平與順從」，也就是要順從獨一無二的真主，以慈悲為懷，救人濟世。主張和平，相互尊重，才是古蘭經的真正教義。就此來說，美國的「九一一」事件和後來在伊拉克建立所謂「伊斯蘭國」的武裝行動，都是自稱穆斯林的暴徒的恐怖行為，是受到全世界愛好和平的回教徒所唾棄的。

伊斯蘭有六大信仰，即：信真主、信天經、信先知、信天使、信後世、信前定。還有五大功課，——「五功」，即：念（念清真言，堅定信仰）、禮（向真主禮拜）、齋（拉馬丹月持齋）、課（捐獻天課，周濟貧苦的人），及朝（去聖地麥加朝覲天房）。

父母親一生，在言行方面都遵守這六信五功。父親根據自己的心得體會，曾簡述這五功的基本內容就是教人「克己復禮」，克制私欲，服從真理。

一、念功，是以心對主的功課。無論心念口念，所念的作證言（以瑪尼第一章）及清真言（以瑪尼第二章），均是信仰的根本。如念古蘭經一部分或全部，更是增強信仰。

二、禮功，是以身對主的功課。最重要的條件是舉意，即是正心誠意之意。禮拜的種類分為（一）每日禮五時：晨禮（邦目達）、晌禮（撇申尼）、晡禮（底格雷）、昏禮（沙目）、宵禮（虎夫灘）；（二）每七日聚禮（主麻）；（三）每年兩會禮（爾德）。

三、齋功，是以性對主的功課。（孔子曰食色性也的性字），見月封齋，白天不進飲食，全美三十天（一個月）。

四、課功，是以財對主的功課。凡是執有資財可供營運者，應納四十分之一，即百分之二點五，繳納天課，賙濟貧窮。

五、朝功，是親到天房，是以命對主的功課。每年一朝，從齋月起算，滿一百天後，開始朝覲。每年在此時期，全世界各地穆斯林，都嚮往於麥加、麥地那聖地朝覲。每個穆斯林一生，在條件許可之下，朝覲一次為主命。

對父母親來說，前面四功都一直在實行，但第五功一直要到去臺灣後才有機會做到。他們第一次去聖地朝覲是在一九六一年五月，那次父親擔任團長，母親和其他三人為團員。那也是朝覲團有女團員的第一次。由於是代表國家的正式朝覲團，此行的任務還要推廣國民外交，宣慰沙烏地阿拉伯的僑胞，特別是母親的女性身分，對於瞭解僑胞婦女在當地生活所面臨的困難，尤其重要。出發前，新聞局還要朝覲團攜帶不少新聞書籍資料去當地宣傳。臺灣希望與沙國發展經貿，以及協商處理五十年代從新疆地區逃難到那裡的「新移民」的居留權問題。

朝覲團抵達沙國後，全體人員由父親帶領前往吉達王宮謁見國王。穆聖在世時曾說過「為求學問，雖遠到中國也要去，」可見對中國文化的推崇。沙王對朝覲團禮數周到，使得坐在他右邊的父親深感榮幸。第三天還參加了沙王在麥加王宮宴請各國朝覲團的全羊宴。

父母親第二次到聖地是一九七一年，那次是私人朝覲性質，只有父母親和我三人，是我們環球旅行的一部分。

以麥加、麥地那為中心，世界各地的穆斯林都是人同此心，為達成心願，在過去不惜跋山涉水，現在有了飛機，節省不少時間。麥加聖寺是天房所在，麥地那聖寺是聖陵所在。天房相傳是居天下之中，是第一個拜主的朝向。天房方形以石砌成，外罩黑綢大帳，其中只能容納一百數十人，所以只邀朝覲團團長及貴賓參加，其他人則擠在門外，人潮洶湧。禮畢則進入搭建在米那山的帳篷內，念經禮讚，自我反省。當晚禮畢後拔營出發，天明抵達阿勒法山紮帳篷，到了次日宰牲節（忠孝節），宰完牲後當晚又拔營轉進，拾取石子準備打魔鬼。第二天黎明前，仍回到米那山原地搭帳篷，取石子打魔鬼七次，然後開戒換衣服，到米那王宮，向國王慶賀朝覲成功。又過一天，第二次打魔鬼七次，再到麥加巡遊天房七遍。再過一天，第三次打魔鬼七次，才終於完成正朝禮儀。正朝過後，第二天夕陽西下時，由吉達出發，開一夜的車，第二天清晨到達麥地那聖寺禮拜。

一九七一年五月，父母親和我前往沙國時，與駐沙使館人員同往麥地那，連續八天，每天都到聖寺朝拜，禮五時，一共做足了四十次禮拜，才算完成我們的心願。

天堂裡的宮室

父母親是熱心助人的，也是好客的。印象裡，我小時候家中總是人來人往，親友的朋友，朋友的親友，鄉親教胞，識與不識，只要有困難，父母親總會想辦法幫他們解決。他們對於來臺的穆斯林男女青年也十分愛護，母親尤其熱衷於撮合穆斯林男女的婚姻。譬如她把當時隻身在臺的倪國安先生介紹給在海關總署做事的丁邦瑤女士，兩人結成連理。倪先生在國防理工學院畢業後赴美深造，回國後擔任理工學院教授與教務長。他不但當選了回協常務理事，後來還是回教朝覲團的團長。他一直念念不忘我父母親當年對他的照顧，稱我母親為全大姑。

還有一位與我父母親初識時只有十六七歲的李全信先生，他在臺無親無戚，在永寶齋當學徒。我父母把他當作自己的孩子一樣關懷照顧，認他為義子，幾年後也為他撮合了婚事，娶了王士虹女士為妻。後來他移民美國，成為加州的穆斯林富商，對我父母的恩情從不忘懷。母親臨終前，他似乎有所感知，特別趕回來臺北一趟。

在臺灣，經過母親撮合的穆斯林婚姻，據說不下三十對夫妻。曾任臺北清真大寺教長的定中明公使曾對母親說，穆聖云，「凡撮合一對穆斯林夫妻者，真主將在天堂裡賞他（她）一所宮室，」這樣說了，您將來在天堂裡將擁有三十多所宮室囉！怎麼用得完？母親聽了哈哈大笑，樂不可支。

父母親生前對錢財一向看得淡。他們自己穿的衣服，許多都是大陸帶過來的舊衣裳。他們出門乘坐公車，平時生活節儉。母親的一雙舊拖鞋，褪色殘破，還是從大陸帶到臺北的。雖然舊，她也捨不得丟掉。

我記得在臺北實驗小學畢業後，同住在我家附近的同學常寧珍一起去考中學，母親還提著飯菜點心籃子，陪我們去考試。到了考場，常寧珍才發現她忘了帶准考證。父親立刻就騎著腳踏車到她家去幫她取准考證。六十多年前的往事，現在回想起來，仍然覺得歷歷在目，十分溫馨。

我有一個表弟馬應皓，一九六一年在臺中霧峰出生。但在初中二年級時，父親就病逝了。我母親為了幫他找出路，鼓勵他去報考阿拉伯國家提供的伊斯蘭教獎學金考試。他獲錄取到利比亞留學，在臺北清真寺接受有關阿拉伯文和古蘭經知識的行前訓練時，每月所需的費用都是由母親全額資助的。臨行前母親還送給他一筆盤纏。他讀到大學畢業後回臺創業，母親也繼續給他金錢上的幫助，從不要他償還。父親過世後，他時常抽空到新店探望母親。

在敦親睦族，幫助朋友方面，我父母親的作風是一貫的。尤其是母親，向來都是急人之急，憂人之憂，終日奔忙，不眠不休。只要親友有事，立即列為第一優先。對於自己心中的興教建國的遠大計畫，或者正在執筆起草，或著手進行之際，也都暫丟腦後，以赴親友之急。時常一天下來，到了日落黃昏，才拖著一個疲憊的身體歸來，親友的事或已辦妥，但她自己往往心力交瘁，上床想睡，又輾轉反側，不能成眠，頻呼渾身酸痛。有時夜闌人靜，腦筋清醒時，忽又想起為教為國的大計細節，腦波轉動，想要理出一個具體可行的頭緒來。思緒愈來愈複雜，乃至半夜還爬起來，在房間內繞步，日積月累，造成失睡症。但母親自己並不以此為苦事，只要對人辦事有成果，見到別人快樂，她也欣然。

上世紀五十年代初，母親曾因焦慮辛勞過度，以致腦神經受傷，大腦毛細血管出血，淤積於視神經部分，造成左眼下直肌麻痹，左右兩眼轉動不能一致，形成複視。眼科醫生檢驗的結果，發現她會把一物視作兩物，一字視作兩字，走路會感覺地面高低不平，舉步困難。遵醫囑靜養了一年多，等到淤血消退才能逐漸痊癒。但從此用眼就不能過久，用腦就不能過度，看書寫字不能超過半小時，否則就會有口乾舌燥、頭昏眼花的現象。

呼喚與還願

父母親刻苦節儉，對教裡教外的公益事業，卻是慷慨捐助的，真正做到了輕財仗義。中國儒家曾有立德、立言、立功「三不朽」，伊斯蘭教義也同樣有「三不朽」，即聖訓所云：「傳世之學（立言）、永久的善舉（立功）、善良的子嗣（立德）。父母親對立言的事業一直熱心贊助。回教協會賈德麟秘書長所翻譯的二十世紀重要回教思想家Maududi的《伊斯蘭的基本》一書，就是得到他們的資助而印行的。

父親過世後，母親就心想著如何去實踐伊斯蘭聖訓所教導的「善舉」。她立下遺囑，決定依照聖訓，捐獻遺產，作為義產（wagf），用來弘揚主道，獎勵青年，發揚回教文化。母親走了之後，我代表家屬，依照她的遺願，將她的銀行存款新臺幣三百九十萬元，捐贈中國回教協會、臺北清真大寺、中國回教文化教育基金會、龍崗清真寺、《中國回教》會刊、伊斯蘭服務社以及回教婦女會等機構。

母親的遺囑還要我在她的存款中撥出一萬美元，轉贈給她從未見過面的大陸學者鄭勉之先生，只因為她知道鄭先生正在艱困的環境中寫作一本闡釋伊斯蘭哲學的書。鄭先生用這筆錢成立了「閔湘帆、仝道雲助學基金」，以其利息資助了多位穆斯林貧困學生完成學業，自己卻從未動用過其中一分錢。鄭先生過世後，他的兒子鄭江宏律師和其他兩位基金管理者常厚星先生、米壽江先生，徵得我的同意，將其中五千美元捐給南京各清真寺，另外五千美元捐助給六十二位穆斯林貧困學生和六合縣的兩座清真寺。鄭勉之先生的遺著《一個中國穆斯林在二十世紀末對哲學的思考》，也是由基金衍生的利息補助而出版的。

母親青年時代曾有過「口喚」（真主的明命），要為她家鄉的教門做點事，可是由於海峽兩岸政治阻絕，這個許諾一直沒有兌現。一九八九年父親去世後，她感到自己時日無多，很想早日完成這件心願。這時兩岸關係已經緩和，母親請求同鄉也是伊斯蘭教胞的馬人斌先生，去安徽和縣代她聯絡。她先前已捐出積蓄給安慶救災，一九九一年在她經濟能力許可下，拿出一萬美元，作為和縣清真寺的修繕費用。

清真寺的管理人員為此組織了修建小組，分工負責。終於在一九九三年把和縣清真寺修葺一新，加固了房屋，增添了設備，為當地穆斯林提供了一個舒適的宗教活動場所。他們為母親的善舉做「篤阿」，求真主回賜，並在大殿門外立了一塊重修碑石，作為紀念。母親過世後，和縣當地的穆斯林還誦經、做油香，為她祈禱。

伊斯蘭的瓦蓋夫（wagf）制度有源遠流長的歷史，指的是一種「義產」或特定的慈善基金。按照教義，穆斯林在信仰和社會方面都需主動作出奉獻，不要只是獨善其身，專注與自我的發展，也要表達對他人的關愛，捐出自己資產的一部分作為公共事業，特別是在推廣教育上。以兼善天下為人生的終極目標。在這方面，我的父母親是無愧於作為一個穆斯林的修為的。

第六章
儒家倫理與伊斯蘭教義

中共建政後，把信仰伊斯蘭教的人一概稱為「回族」，這是一種政治性的區分。這個官定名詞含義是籠統的。在歷史上，明、清、民國的文獻並無所謂「回族」的說法。由於種族、語言、信仰的不同，內蒙自治區或維吾爾自治區的人，勉強可稱做回族。但把以漢語為母語的伊斯蘭教信徒，也統稱回族，這就很牽強了。在中國全境，從西北的寧夏、甘肅，到西南的雲南，到華中的河南、河北、山東、安徽等省區，都有大小不同的穆斯林聚居區，許多只是信伊斯蘭教的漢人，和蒙古人或維吾爾人並不相同。若要追溯來源，這些伊斯蘭教信徒的祖先，有的是十三世紀隨蒙古軍東來的中亞細亞人，有的是十四世紀改信伊斯蘭教的蒙古人，也有因貿易東來的波斯人、阿拉伯人、突厥人。當然少不了的是與這些人通婚的漢人。這些人經過歷代的輾轉遷徙，從西北到華北到華中華南，也經歷了不同程度的漢化。保存下來的只是宗教信仰與相關的禮俗。我父母親的結合就是二十世紀的漢人與波斯裔後代自由戀愛而組成穆斯林家庭。有位青年學者謝世忠提議用「漢語穆斯林」一詞來指稱中國境內說漢語的伊斯蘭信徒，應該是比較恰當的。

閔家的穆斯林

根據父親生前寫的一份簡單的家傳，我們閔家的祖先是來自中國西北甘肅省西部，黃河上游地帶。在春秋時代，孔子的一個弟子閔子騫以孝道聞名，即使面對繼母的虐待和繼弟的欺負，他也仍然心胸寬大，對繼母孝順，對弟弟友愛，孔子對他十分讚賞。閔子騫就是我們閔家的先人。閔家後人輾轉遷徙，從大西北遷到華中地帶。閔子騫的墓是在安徽宿縣西關郊外的閔氏墓園，至今香火不斷。父親是他的七十二世孫。

歷代相傳，閔家一直以崇高道德水準聞名。史籍載有許多隱逸孝友的族人，是我們祖先歷代孝道的遺風。

閔子騫的二十一世孫閔貴一，把家從安徽省懷寧縣，遷到江蘇上海。清雍正十三年（一七三六），上海縣地方政府將東海岸的長人鄉改名為南匯縣，所以閔家又成了南匯縣人。南匯是揚子江入海處，南邊與錢塘江水交匯，此地又有經閩浙沿海北流的海底黑潮，所以揚子江下游挾帶的泥沙，在南匯濱海一帶形成了海埔新生地，土地肥沃面積大。遷居來此的閔家，起先聚居在新場鎮，後來散居各鄉鎮，以耕讀傳家。

父親年幼喪父，家道中落，我祖母成為家庭生計的支柱。但父親小時候到私塾念書，後來進入新制的小學與中學，讀詩書是入門的基礎教育。在家中，他從小也是受到傳統儒家倫理的薰陶。母親出身於中亞波斯移居中國的穆斯林家庭，父親同母親結婚後，他毫不猶豫地選擇了伊斯蘭的信仰，成為一個忠誠的穆斯林。穆斯林中流傳一個諺語說：「回回巴巴，漢人姥姥」，巴巴指祖父，姥姥指祖母，意思是說，回漢通婚是限於漢人女性與回民男性，這是因為在父系的家庭結構中，只有這樣的婚配才能保存穆斯林家庭的禁豬習俗。這樣說來，我父母的結合又屬於少數的例外了。

父親婚後信奉伊斯蘭教，從父親的出身背景到他日後的精神歸宿，卻看不出儒家倫理和伊斯蘭教義有什麼扞格之處。

「爾等拜主，爾等孝親」

中國傳統倫理講求的父慈子孝，兄友弟恭，同樣也是伊斯蘭教義所重視的基本倫常關係。尤其是孝悌忠信的為人準則，在伊斯蘭教義中具有極重要的地位。聖訓所說「爾等拜主，爾等孝親」，即是指侍奉真主以下最重大的就是事親。一個人如果不能孝親，即使他口口聲聲說「拜主」，他的誠心也是可疑的。因為事親即是事天，孝是貫穿人倫關係的根本。聖訓的教導強調「親恩子孝，遠如天壤」，也就是說，兒女對父母的孝順，永遠也達不到父母恩情的程度，只有覺悟到這一點才能真正盡心。在古蘭經中，天道與人道是合一的，天道實際上體現在日常生活的基本倫理上：

> 你們當崇拜真主，不要以任何物配祂，當孝敬父母，當優待親戚，當憐恤孤兒，當救濟貧民，當親愛近鄰、遠鄰和伴侶，當款待旅客，當款待奴僕（四章三十六節）

子女對父母的孝順，絕不只是物質上的供養而已。這一層意思在儒家學說中也說得很明白。孔子曾對學生說「今之孝者，是謂能養。至於犬馬，皆能有養，不敬，何以別乎？」這是強調孝順父母不能沒有虔敬之心，否則只是在物質金錢上「供養」，與養狗養馬何異？這是儒家倫理與伊斯蘭教義的契合會通之處。

終極關懷

人生在世，最後是歸結到一個「終極關懷」的問題。我們從哪裡來？最後要到哪裡去？面對人世間的生老病死，我們又是如何自處？這可以說是一個「大哉問」。中國過去的穆斯林學者，推崇孔子為儒者的大宗師，一言而為天下法。孔子對於宇宙間君臣、父子、夫婦、昆弟、朋友之倫，以及誠意、正心、修身、齊家、治國、平天下之道，都已說得不偏不倚，詳盡而極致。唯獨對於人的「始之所以來，終之所以往」的這個「造化原本」的問題，則不發言。這些穆斯林學者的意思是，人的一生，是有始、有中、有終的。對於這個生死的道理，中國儒者是只言其中，不言始終的。這是他們想要以清真正教來彌補儒家學說的動機。

從古代典籍來看，孔子對生死和鬼神的問題，似乎是不願談或不願多談的。《論語》中有一句著名的對話是孔門弟子季路問事鬼神。子曰：未能事人，焉能事鬼？意思是「你先學好怎麼事人吧，這事情還沒做好，何談事鬼神呢？針對接下來的「敢問死」，孔子的答覆是：「未知生，焉知死？」這似乎表示死之事超越人類的認知，所以孔子不說。這有點西洋哲學所謂的「不可知論」的意味。儒家哲學所著重的似是現世的生活觀了。可是在其他地方，孔子又有「四時行焉，百物生焉，天何言哉」的話，顯然又承認在自然界的運行之上，是有一個不言不語，卻操縱著四時的變化，主宰人間生死的造物主。這個造物主，可以籠統地說是「天」，在孔子心目中，這個「天」應該是有意志的。只不過孔子學說的著重點，不在探討鬼神的有無或人的生死問題，而是在通過人倫禮儀的教化來彰顯人的良知良能。

無神論把世界上的一切存在，分成精神與物質兩個領域，認為神是人的精神活動的產物，因而是不存在的。但伊斯蘭教與此相反，認為真主是確定存在的。對真主的信仰，作為人類心靈活動產生的一種精神現象，是客觀存在的反映，也是不可抹殺的。伊斯蘭信仰的出發點是認主。「認主獨一」是伊斯蘭的真髓。認識到真主創造世界，體認到真主的全知全能，對穆斯林來說，不但不妨礙我們對世界的認識，反而是有幫助的。因為這讓我們的心胸更寬廣，視野更開闊。從字義上說，穆斯林就是順從真主的人。《古蘭經》的基本要義是返本還原：「我們來自真主，我們必歸於真主」，但這個歸宿論絕不是某種單純的宿命論，人類命運雖由真主前定，並不表示人不需對自己的行為負責，人在一定範圍內的行為自由是能對命運發生作用的。因此伊斯蘭的經文指出，「真主不改變任何民眾的現狀，除非他們首先自我改變。」這就不是被動的隨波逐流的宿命論，而是鼓勵一種積極進取的精神。

以儒釋經

明末清初，中國的穆斯林學者劉智，以漢字譯天方經語，並解說其義。他在《天方典禮・原教篇》中指出，敬服「五功」是天道，敦崇「五典」是人道。「五典」是同於《禮記・中庸篇》所說的「五倫」，也就是君臣、父子、夫婦、昆弟、朋友五種關係。劉智解釋了「五典」在具體生活中的體現是「夫盡其為夫，以愛；婦盡其為婦，以敬；父盡其為父，以慈；子盡其為子，以孝；君盡其為君，以仁；臣盡其為臣，以忠；兄弟盡其為兄弟，以協議；朋友盡其為朋友，以忠信。」在傳統中國社會，這些都是淺顯易懂的道理，問題在於實踐。在這方面，中國穆斯林學者所要表達的是，回儒的思想是共通的。

過去以儒學的觀念來詮釋伊斯蘭教的學者，如王岱輿的《正教真詮》，劉智的《天方典禮》和馬注的《清真指南》等著作。由於他們對儒學典籍都能融會貫通，解釋起來頭頭是道，讓人容易瞭解，對正教經典的普及，發揮了很大作用。有些當代研究者，從社會學角度來分析這些中國穆斯林學者的動機，認為他們是出於少數族群的一種心理防衛機制，設法與社會的主流思想認同。最近也有西方學者的研究指出，這些說漢語的穆斯林學者的努力，是要在身分與文化上建立穆斯林與中國人的雙重認同（見Zvi Ben-Dor Benite，《*The Dao of Muhammad: A Cultural History of Muslims in Late Imperial China*》）近代社會學中有一種分析邊際族群（marginal people）為追求主流社會認同的行為理論，在中國，象徵安全穩固社會地位的科舉功名等，也同樣是作為邊際族群的穆斯林熱衷追求的目標。譬如在穆斯林人口聚集的雲南的某些村落，通過科舉進入政府為官的秀才進士，也是所在多有，成果斐然的。

不管怎麼說，經過多年的歷史發展，儒家文化和伊斯蘭文化的確是相互浸染、滲透的，在倫理教化上也有異曲同工的作用。只要我們留心審視歷代清真寺留下的碑文、匾額、對聯，便可明瞭這種文化上相互浸染的特色。例如「心存忠孝，志義齊仁。」（歸綏清真大寺康熙三十三年碑陽面題額）、「惟道無名，看懷德畏威，西域久垂聲教；以誠立願，喜父慈子孝，中華遞衍薪傳。」（河北薊縣清真寺對聯）。這樣的例子不勝枚舉。

敬天畏人

伊斯蘭教義和儒家學說都強調「敬天畏人」，這種敬畏心理所產生的道德約束力，是維繫社會和諧的紐帶。對於先人的喪葬，儒家主張謹守禮儀，慎終追遠，民德自然歸厚。「慎終追遠」的觀念，和伊斯蘭教所說的「感贊真宰造化父母與萬物的恩德，教人們隨時讚頌真宰偉大，」是一致的。穆斯林在每日禮拜之後，都要為自己的父母先人求寬恕、求平安，也是這個想法的體現。這都是能夠在現實生活中得到驗證的。

無神論者走到極端，在社會上全面否定神的存在，天的存在，實際上是推翻了信仰的價值，造成的結果是心靈的虛無與道德的敗壞。中國大陸過去一段長時期，不顧憲法保障的信仰自由，在社會生活中排斥宗教，到了「文化大革命」時代，更加變本加厲，把宗教當做迷信，當做封建「四舊」來破除，極左人士到處宣傳「消滅伊斯蘭教」的口號，對廣大的穆斯林民眾來說，這是前所未有的大劫難。內蒙呼和浩特的清真大寺，大殿門廊上原有很多珍貴的匾額和對聯，是反映伊斯蘭文化與儒家倫理教化的寶貴遺產，卻在文革浩劫中毀於一旦。

文革期間，雲南沙甸發生了一個「反革命」事件，起因是革委會強行關閉了當地穆斯林村的清真寺，不准民眾入內禮拜，並毀壞了寺內文物典籍。而且明知伊斯蘭教規中有禁食豬肉的禁忌，卻強迫穆斯林學豬叫，學豬滾，以豬油抹臉，把長串的肥豬油掛在他們身上。穆斯林終於忍無可忍，爆發了激烈的起義抗爭。最後政府出動軍隊圍剿鎮壓，事件才得平息。多年後，這起「反革命」事件雖然得到平反，但傷痕仍然存在於穆斯林心中，成為集體記憶裡抹不去的一塊暗影。

在極端主義驅使下，不顧一切的排斥宗教，把宗教當作封建迷信來破除，直接造成的結果是社會道德的沉淪，人心的斲喪，有目共睹。相對來說，伊斯蘭教義和儒家的倫理教化是彼此契合，能夠提升人們的道德情操的。

文革浩劫造成了多年的道德淪喪，近年來中國領導人覺悟到缺乏倫理教育是危機的根源，因而開始提倡儒學，建立孔子學院。但我們不能忽視，按照孔子學說，儒家的抱負所體現的一個重要方面就是「興滅國、繼絕世、舉遺民」。用現代的話來說，就是對少數族群的保護，延續他們的歷史傳承，維護他們的文化遺產。在精神領域方面，以這樣的態度來對待宗教，才是一個文明大國的作風。

第七章 兒時的南匯——父親夢中的故鄉

父親曾有「久別家園憑夢到」的詩句，他魂縈夢牽的故鄉是他兒時的南匯。父親在臺時曾和鄉賢發起江蘇浦東地方誌的編纂工作，對浦東的南匯縣，他著墨甚多。我在這裡錄出他當年為《浦東鄉訊》寫的回憶文字的片段：

我幼年家境清苦，又遭父喪，弟兄年幼，學業尚未有成，謀生乏力。治喪之款，歸欠無著。大除夕夜，店夥提燈，前往各家收款。亦有其家無人應門，匿不見面，名曰避債。店夥坐索不得，不歡而去。我母親率我姐妹弟兄，站上堂前，恭候店夥來臨，並告誡我們兒女謂，無力還債已屬不是，不可避債，更增無禮。只有鵠侯店夥進門，擬向面陳苦情，請求寬限。我母親並訓勉我們努力上進，無負父母培育之恩。我弟兄姐妹泣而志之，不敢忘。我家大開正門，全家站立，不料只見街上人來人往，提燈去，提燈來，穿梭絡繹，過我家門而不入。盡往別家去，不到我家來。一直候到雞鳴天亮，從不上門討債。我家也就關上大門，向堂上天地祖宗，磕頭拜年，就此過年了。此是故鄉風俗淳厚，店家原諒我家困難，放過我們，不來催討。還有一位方叔叔，父親生前原有欠款，父親故後，從不催索，僅於過年時節來函致候，一直到後來，我們歸還欠款，歸還店賬，他們從無不豫之色，反而見到我家子弟逐漸成立，更有慰藉之心。我今執筆寫此，淚如雨下。現在母親早已過去，親友早不存在，而我漂泊異鄉。只有我欠故鄉的情，無從報答故鄉的德。……

我是生在新舊交替之際。幼年求學，先是科舉時代，我父親領我去參觀考場，還盼望我稍長之後，能考秀才，中舉人，迨後廢科舉，停八股文，改辦學堂。

我幼年就讀於南匯肇興學堂，此為南匯縣第一個開辦的學堂。學堂設在南匯縣城東南隅之文昌宮內。文昌宮供奉文昌帝君神像，其旁有魁星閣，閣凡三層，頂層供奉魁星神像。此文昌帝君乃文昌司命，是主持文運之神。魁星點鬥，是指魁星點額於士人，能邀科舉，考試錄取，高高中試。此是清代興學育才方面的措施。文昌宮是士人修習遊憩的處所，若以今意釋之，相當於現在的教師會館。肇興學堂，後改為南匯縣立高初兩等小學堂。我仍繼續就學於此，直到高等小學畢業後才離開本縣，遠赴松江。

父母送我到松江府中學堂去讀書。當時交通不方便，從我家鄉南匯縣城，雇一艘雙人搖櫓木船，上面遮有竹席，不停地搖櫓前進，木船經過新場、航頭、魯家匯、閘港，出得港口進入黃浦江，向閔行方向繼續前進。經過閔行之後，船到松江府華亭縣得勝港，進港，向松江府城搖櫓續進。大約搖至第二天下午，可到松江進入護城河，寄碇於衙門前橋下，船夫經過整天整夜的努力，到此才算舒了一口氣。但是船在黃浦江時，還要看黃浦江內潮水順逆，因此是否能在第二天下午到達，還是有問題。為的是逆水行舟，我們小木船是辦不到的，即使用盡氣力，仍是無法前進，反被逆水倒退，只有靠岸停駛，等待順潮時，才敢依傍河岸，搖櫓前進。前進之時，隨時注意黃埔江上有無大船輪船通過。遇到發現大船輪船來勢洶湧之時，小木船船夫就要停櫓撐篙，把小木船貼緊河岸繫住，以免顛簸。尤其在從浦東橫渡黃浦江駛向浦西之時，更要遠看黃浦江中上游下游兩方面有無大船輪船鼓浪前來。自審來船距離小木船本身，可以橫渡黃浦之時，然後船夫奮力搖櫓橫渡。真是提心吊膽，用盡平生之力。等到駛進浦西，旁到河岸，才敢開口舒氣，額手稱慶。因此之故，我到松江府中學堂讀書，每年寒暑假，我也不能准定回家。所以我的一生，從此就做客他鄉，回家日少。……從前我家鄉，認為出黃浦是一件大事，真是要等我母親念兒心切，遇到暑假或寒假，會雇船來接我回家，那時全家都當我是客人一樣，噓寒問暖，親暱非常。迨後滬杭鐵路通車，我家可以從南匯搖船到上海，再從上海乘火車到松江，那就輕鬆多了。……

我入松江府中學堂讀書時，學堂內正廳或稱大殿，今名則曰大禮堂，中供大成至聖先師孔子神位。每月朔望，即初一十五兩日，上香致祭，由堂長或學堂監督主祭，全體教職員陪祭，全體學生與祭。全學堂工友雜役廚子伙夫，除正有職務不能分身外，一律站立在學生之後。大殿過小不夠容納，則站在殿前臺階庭院。先贊禮鳴鐘擊鼓，然後主祭者行二跪九叩首禮。其餘陪祭與祭師生工友，均肅立，寧靜肅穆，鴉雀無聲。大概彼時教育，學堂以德育為重，老師以身教為先。

父親寫給我們子女的詩作選摘

一、念大兒錫鈞（第一首七絕是在香港送別七年後作。第二首七絕是在離別二十年後追憶衡陽跑敵機警報作）：

依然未別以前事，萬里七年意不移，回首香江輪渡處，隔窗苦語淚漣漪。

七年七年再七年，不今一別念餘年，吾兒可記衡陽站，老父攜兒鐵路邊。

二、念二兒錫金：

滬濱作別家何處，醫院沾巾病在身，幾度寄書常不達，不堪對月獨喪神。讀書且喜承家業，娶媳遙聞得子孫，幸得故鄉撐一脈，承先啟後有傳人。

三、病中送長女錫明赴美省兄，床前話別：

又到人生話別時，衰年病苦命如絲，欲歸枉自悲鄉遠，命駕真當泣路歧。已是神州非故土，更留弱女向天涯，迢迢萬里行路之，珍重同懷別後思。

四、道雲畫蕉葉菊花，題記錫慶寒衣：

庭前蕉葉起秋風，搖落東籬九月中，檢點寒衣搜盡篋，天涯人遠意匆匆。

五、寄女錫慶（重游臺北萬華青山寺看元宵花燈有感）：

驚心又是元宵節，青寺花燈忍再看，天外來鴻書一紙，夜中弱息慮千端，赤心報國虛前願，白首還鄉亦大難，明月當頭人在望，可能雙照淚痕乾。

第八章 回首來時路——我的自述

綠衣黑裙的年代

童年時的記憶大多已殘缺不全了。我出生在抗戰時期的重慶，那時家裡分配到的口糧是從陳倉裡運出的發黃發綠的米，還夾帶沙石。煮出來的飯，大人笑稱是八寶飯。並不好吃，但仍能下嚥。幼年跟隨父母遷居臺灣。小學時期的印象已經很模糊了。中學讀臺北一女中，記憶中仍留有當時穿著綠衣黑裙，天濛濛亮搭公車上學的印象。

那是一個克難的時代，生活可說是因陋就簡。有很長一段時期，我家住在臺北市郊的七張犁，那時候時常有親戚朋友來家裡住，有的是來臺北看朋友，有的是到臺北的醫院治病，有的是生活困難來暫住。那時的物質條件雖困難，父母親總是熱心張羅，把他們安頓在家裡，為他們提供三餐。

我生長在一個伊斯蘭教家庭，父母都是虔誠的穆斯林。小時接受的庭訓就是敬主畏主，認主獨一。每逢主麻、開齊、忠孝等伊斯蘭節日，都會跟隨父母到臺北市麗水街的清真寺禮拜。那個清真寺其實是一棟很大的日式房屋。寺內莊嚴肅穆，但逢節慶人多，便顯得擁擠。後來為了接待中東友邦元首和伊斯蘭教長的來訪，才在新生南路建造了一座清真大寺。

我幼年參加習經班，隨熊振宗阿訇（教長）學習阿拉伯文，並學誦經。青年時期，我參加了回教協會青年組的各項活動。大學我進的是台大法學院法律系，那是我大專聯考的第一志願。

大學畢業後，我曾在報社當過一年的記者。那時雖是初出茅廬，但因為能說英文，還被報社派去採訪當年到臺灣訪問的美國司法部長羅伯特・甘迺迪（Robert Kennedy）。當時我感覺到羅伯特・甘迺迪的態度相當冷漠，對國民黨政府的情形似乎並不關心，也許還有點鄙視。他的哥哥約翰・甘迺迪代表民主黨不久前才當選總統。我不免懷疑，是否因為在競選期間，臺灣的國民黨政府全力支持共和黨的理查・尼克森，令他耿耿於懷？記得在競選期間候選人電視辯論時，美國是否應該協助保衛最接近大陸的金門馬祖，還變成一個熱門的爭議話題。

大陸法系與海洋法系

從臺灣到美國留學，對我來說是一個不小的考驗。我絕不敢說我在美讀書的經驗是一帆風順的。正好相反，那是一個艱苦的歷程。單槍匹馬，遠赴異國，不能說沒有勇氣，但一個女子來到外國所遭遇的各式各樣的挫折是一言難盡的。台大法律系的老師曾說，本校法律系的學生出國留學，大都改行了。主要的原因是法學體系的差異。世界上的法律有三大法系，一是歐洲的大陸法系，一是英美的海洋法系，還有另外一個是伊斯蘭教法系。臺灣大學法律系講授的法學是大陸法系，雖然也有呂光教授開海洋法系的法學課，但畢竟不是主流課程。因此，到了美國後要改學海洋法系，自然必須多費功夫。

還有，在臺灣的大學讀法律系是四年畢業，與其他文理工農商等學系一樣。但在美國則不同，文理工農商等大學科系一般是四年制，但法律系則要讀七年，才能畢業。因此，來美留學的一般科系畢業生可以直接申請進研究所，攻讀碩博士學位，法律系畢業生則被認為所學不夠，必須補修學分，所以要多花幾年的時間。

再說，來美國讀書總想自食其力，自己找工作維生，不增加父母的負擔。我在芝加哥大學起先讀的是比較法學的研究生課程。算我運氣好，遇到了貴人，系裡的教授不但幫我在學校圖書館找到一份差事，有一位助教還不厭其煩地幫我修改學期報告的英文，令我由衷感激。我覺得自己的英文能力不足，也是因為在圖書館工作的機緣，讓我決定先去進修一個圖書館學的碩士學位，有了這個專業，就可以一面做事一面讀書。後來證明，這個圖書館學的碩士，果然能派上用場。我在芝加哥的美國律師業基金會找到工作，白天上班，晚上到迪保大學（DePaul University）繼續攻讀法學博士學位。白天的工作足夠我維持生活，而且這個工作經驗對我日後在處理案件時查找資料和判例，都有很大幫助。

被人「捲款潛逃」

拿到法學博士學位後，我才能參加律師資格考試，但也考了三次才通過。十年打拼，十年苦讀，拿到了律師執照，雖然當時被人稱讚為臺灣留學生中成為執業律師的第一位女性，我的職業生涯一開始並不順利。

起初在一家律師事務所找到工作，成為一個初級合夥人（junior partner），處理案件得到的酬勞存在一個「代管賬戶」（escrow account）內，還被事務所的負責人「捲款潛逃」，不得不上法庭提告才能把錢追回來。後來我自己開業，更是必須在家庭和工作之間走鋼索，兩邊都要兼顧。但因為是自己獨當一面，與客戶約談還可以打游擊式的安排在咖啡廳或小餐館裡進行。

我算是晚婚的。一九七五年結婚時，我已經三十四歲，第二年十月有了第一個孩子。我的先生龔展民是個麻醉科醫師，每天要到芝加哥的庫克郡醫院上班。我既要分出時間安排小孩的照顧，又必須去工作，這方面的媽媽經是說不完的。當然，我先生下班回家也要分擔家務，如洗碗、倒垃圾等。婚姻對我們來說，畢竟不是一種主從關係，而是彼此支持體恤，共同擔負家庭職責的。

就這樣，從草創時期的千頭萬緒，一步一艱辛，律師事務所的業務逐漸上軌道而漸入佳境。我的專長是房地產法律、婚姻訴訟和種族歧視問題，後來又增加移民案件。我的工作信條是必須瞭解客戶的需要，在法律範圍內迅速採取有效措施。溝通是關鍵，同時也須瞭解人的心理。芝加哥僑界華人社團遭遇法律疑難，也會找我求助。我為他們排疑解難，大多是義務性質的。為此我受聘為臺灣政府的僑務顧問，對我來說，這也是很榮幸的事。

兩件華人官司

我想舉兩個例子來談談我曾經處理的法律官司。這兩件官司當年在美國華人圈，都是引人注意的新聞。一件牽涉到美國學術界的種族歧視問題，一件是體罰造成孩童死亡的社會事件，後者因當事者為華人，又涉及文化差異問題，尤其轟動一時。

一九八八年，我在民主黨全國代表大會上碰巧遇到了多年不見的高中和大學同學鮑家麟。她同我談到她親身遭遇的一件令她非常氣憤的事。鮑家麟有印第安納大學的博士學位，也曾在臺大歷史系教了九年書，一九七六年她隨丈夫陶晉生教授移居亞利桑那州土桑市之前，就獲得亞利桑那大學東方學系負責人的口頭和書面邀約，給予她該校的正式教職。十三年來，她兢兢業業，認真負責地教書，發表了不少論文，考績也是優等，但校方卻只是間斷地續聘她擔任臨時性的訪問教職，屢次都以學校的經費不足或無空缺為藉口，拖著拒絕將她轉任正式教職。卻在一九八五和八六年系裡出缺時，聘用了資歷淺的白人男子。

鮑家麟十分不平，先向亞利桑那州的聯邦平等就業機會委員會申訴，但該會一直未對校方採取行動。拖了很久沒下文，她繼而又要求校內的「促進平等機會辦公室」（Affirmative Action Office）出面調查，也沒有任何結果。為了維護自己的權益，鮑家麟曾在土桑市聘請了一位名叫芭芭拉・費雪的女律師代她向校方交涉。沒想到這位律師又一再拖延，後來才發現她已被校方聘用到該校任教，使她的訴訟被嚴重耽擱。鮑家麟忍無可忍，屢經挫折，仍決心抗爭到底。她在系裡的同事支持下，請求校內的「學術自由委員會」舉行聽證會。由各學院教授組成的五人聽證小組，經過三天聽證後，提出的報告對鮑家麟有利，但校方仍不採納。終於她收到了聯邦平等就業委員會發給她的一份通告，說她有權在一百八十天內向法庭提出告訴。

就在此時，我們老友相遇。她的遭遇令我十分驚訝，立刻決定幫她打這一場官司。

經過收集有關資料，仔細研究後，我在一九八九年一月代表鮑家麟向聯邦法院提出控訴，以亞利桑那大學校方「對亞裔及女性雙重歧視」、「毀約」、「背信」、「詐欺」、「共謀」、及「違反英美法」等六大罪名，要求賠償二千萬美元。

這件少數民族控訴案，在亞利桑那大學幾乎是史無前例，校方震驚之餘，也深深感受到法律上的壓力，態度也轉為願意息事寧人。所以在此後四個多月我們與校方的反覆談判後，校方終於決定與當事人和解。我在那一年五月，專程趕到土桑市去簽約，完成和解手續。按照新的聘約，從那一年秋季班開始，鮑家麟正式在亞利桑那大學的東亞系執教，聘約長達六年，而且將來能夠獲得永久任用資格。這件官司談判的結果，她雖沒有拿到任何損害賠償金，但教職正式而穩固，她贏得了正義的報償。

我在處理這個案例的過程中，不免也有一些感觸。華人在美國是少數民族，所以不論在什麼機構工作，首先盡可能把有關自身權利義務的法律條文弄清楚。例如在鮑案中，校方規定如認為有被歧視之嫌，必須在三年內提出告訴，否則便失去了追訴權，而我的老友當時卻不知有此規定。逾時再要控告，又須多費周折。在這件官司中，鮑家麟的勝算來自土桑市學界、政界和少數民族團體的支援，而美國最高法院當時的一個重要判例是，在涉及歧視的訴訟案中，雇主必須證明沒有歧視雇員，而非要求雇員證明自己被歧視。這種「求證責任」的轉移，對抵抗歧視是有利的。

另一個案件是華人體罰孩童造成孩童猝死案。這個家庭不幸事件發生在一九八九年。因當事人目前都健在，子女也長大成人，我只說他們是住在芝加哥郊區的一對夫婦。丈夫S先生是在臺灣駐外機構北美事務協調會駐芝加哥辦事處，擔任新聞秘書，S先生還利用晚間到大學進修，十分忙碌。H太太在家獨自照顧三個小孩，要適應新的生活環境，而長期睡眠不足，精神壓力很大。案發當天，她三歲的小女兒有輕微感冒，午餐後把食物吐出而遭母親責罰，在地下室拖著三輪腳踏車繞圈子，撞擊牆壁，發出聲響。H太太命令女兒停止，但女兒不聽從。於是她一時氣憤，失去控制，責打女兒，打到她屁股青紫才停手。後來發現午睡中的女兒停止呼吸，立即招來醫護人員送往醫院。這時，驚恐自責而精神崩潰的H太太，在家中數度企圖割腕自殺。

伊利諾伊州助理檢察官根據驗屍官的報告表示，小女兒是遭到多次重擊造成休克而死亡，所以就以兩項一級謀殺和虐待兒童的重罪提起公訴。我接到這個案件時，立刻感到這是一宗因一時精神失常而引起的家庭悲劇，因為根據驗屍官的報告，三歲女兒屍體上並沒有發現舊傷痕，而H太太也沒有虐待兒童的前科，可見該案應屬突發事件。我到醫院去探訪當事人，發現她的精神狀況不好，時常想嘔吐，無法入睡，也不想吃東西。她的手腕脖子都有傷痕。我發現整個庫克郡都沒有一位通中文的社工人員，醫院中也沒有懂中文的心理學和社會學專家，可查明H太太的心理狀況。我迅速聯繫了一位專門處理虐童案件的律師，看看是否能夠從文化差異的角度來著手，因為中美文化的差異，如果以美國文化的背景來審判，對當事人並不公平。我也曾想到是否能向聯邦政府申請人身權狀，讓H太太回臺受審。

S先生是北美協調會芝加哥辦事處的英文秘書，但協調會與美國在臺協會簽訂的《特權及豁免協定》是比照國際機構和組織人員所享有的待遇，雙方人員所享有的只是在授權範圍內執行公務行為的豁免權，和「外交豁免權」並不相同。這些人員及眷屬並沒有不受駐在國司法機構管轄的特權。

在等待開庭期間，H夫婦的兩個小孩送回臺灣由家人照料。開庭時，主審法官顯然考慮到我們關於文化差異的申辯。當事人不會說英語，又無親友支持，處於孤立狀態，加上丈夫白天工作，夜晚上課，她獨自照顧三名幼童，長期睡眠不足，已達精神崩潰邊緣。

法官對此相當同情。他在庭上表示，當事人在女兒死後曾數度企圖自殺，即使把她關起來，他不認為當事人會在獄中活下去，所以不論法院採取何種刑罰，都會是錯誤的。最後法院以「非自願殺人罪」，宣判她緩刑三十個月。當事人若接受判決，放棄上訴，再度出庭時接受精神醫師檢驗，確定精神狀態正常，不會再企圖自殺後，即可自由離境，返台探望兩個小孩。

這個案例的教訓是，在美國生活的華人父母必須注意到，體罰孩童是美國社會無法接受的。

不同的政治走向

臺灣從八十年代末開始，解除了戒嚴、黨禁和報禁，政治走向開放。我回臺參加海外學人國家建設會議（國建會）時，在「政治社會研究組」曾就移民政策的制定，設立移民署和小留學生護照問題、婦女問題等，提出了建議，也受到政府的採納。內政部許水德部長還延聘我為移民政策規劃小組的顧問。後來我也被聘為政府的僑務委員。對我來說，提出建言是責無旁貸的一種回饋方式。

對照之下，中國大陸在同一個時期卻走向相反的方向。一九八九年六四事件後，美國的華裔學人和專業人士曾以華人學術、科技與專業協會的名義，聯名發表公開信，向國會的參、眾議員和美國政府，以及中國的官方代表表達我們對大陸民主運動的關切，並反對政府對示威學生與平民的武力鎮壓。我是公開信的發起人和聯署人之一。但一個現實的問題是，許多在美國的訪問學者和留學生，由於曾經公開支持民運，害怕回國後會受到政治迫害（秋後算帳？），希望有一種解決辦法，能讓他們展延留在美國的期限。

起初美國政府透過司法部長宣布，給予大陸人士延期離境一年的簽證，這項特別規定對短暫來美探親或考察的人士，或許有幫助，讓他們可以得到一個暫時的緩衝期，以待塵埃落定。

可是對當時人數超過兩萬的大陸留學生和訪問學者，卻無助益。

為此我們聯繫了五十多位華裔律師，在移民律師協會的年會上提出兩項提案，要求移民局作為特例，維持大陸留學生利用「延期離境」簽證在美工作者的學生身分，並且免除一九八九年六月六日之前中國大陸所有持J-1簽證的留學生與學人兩年期滿必須返回大陸的規定。這兩項提案獲得移民律師年會通過，提交布希總統和美國國會。

我在接受媒體採訪時指出，固然申請一年的「延期離境」簽證者，可同時申請工作許可，不少失去經濟支援的大陸留學生打算先利用此項規定申請合法工作。問題是一年後當「延期離境」簽證失效後，這些留學生不但失去學生身分，也不再具有繼續留美的身分，造成進退兩難。這是華裔移民律師希望移民局考慮讓他們維持學生身分的緣由。另外，華裔律師也要求移民局免除J-1簽證的大陸留學生學成後必須返國服務的限制。我指出，當初由於中國與美國政府間的一項默契，很多大陸留學生不論自費或公費，都是拿J-1簽證，以確保他們學成後返回大陸。此種規定並不合理，在大陸局勢不穩定的情況下，美國當局應考慮給予大陸的J-1簽證留學生與F-1簽證學生同等的待遇。

我還提到當時大陸留學生關心的申請集體政治庇護問題。美國移民局對於政治庇護一般都是按個案審查，而全球每年只限五千個名額，申請是困難而費時的。但如果向國會遊說，由國會提出特別法案，作為一次性的「特例」，也有可能解決他們的居留問題。由於留學生沒有居留權和公民身分，由華裔律師聯合起來，為他們去爭取，也是義不容辭的。為此我還受邀參加在西北大學工學院舉辦的一次座談會，解答大陸留學生的法律疑問。

在美國和國際上的一片制裁聲浪下，國會遊說果然發揮了效用。特別法案的通過與實施，讓大陸人士只要符合規定條件，都可因政治主張和立場而申請在美國居留。

我的參政經驗

對我個人來說，我之所以比較瞭解美國的政治運作，是因為我長期的實際參與。

在自己開業之前，有兩年多的時間我在芝加哥產權與信託公司的最後審查股擔任審查律師。開業後我一直在法律業務上努力充實自己。我擁有伊利諾伊州法院、美國聯邦法院、美國聯邦第七巡迴上訴法院和美國最高法院的出庭資格。我創辦的聯裕國際法律事務所在紐約、舊金山、洛杉磯、華盛頓特區、達拉斯、火奴魯魯、克利夫蘭以及香港、臺北，都建立了連線作業據點，為客戶在美國國內和國際上提供許多便利。

然而我認為，私人開業，換得一家人的溫飽，固然不錯，但也得有如何回饋社會的想法。作為少數族裔的一份子，在美國社會，為自己同文同種的同胞爭取福利，也是順理成章的。只要力所能及，又何樂而不為？這是我的出發點。當然，要達到這個目的，首先就要認識美國社會，瞭解它是如何運作的。但如果沒有實際參與，所謂認識與瞭解，充其量不過是紙上談兵。這是我決定參與政治的初衷。

早在一九七五年，我出道不久，就被州政府從一百多名律師中挑選我為伊利諾伊州立大學校董事會的法律顧問，負責諮詢東北大學、芝加哥州立大學和州長大學這三間學校的法律事務。這是我初次正式涉入大學內的勞工法與歧視案件的領域。那時我剛結婚不久，還沒小孩，就把這三所大學當做我的三個小孩。我發現每一個都和其他兩個不同，真是各有各的問題和特色。同時我也是伊利諾伊州女性律師協會婦女權利委員會主席，但到各地走動時，我都儘量當天往返，因為總不能把家庭完全丟在一邊。

我承認美國的婦女運動對我的影響很大，它塑造了我的認同，擴展了我的視野，尤其是我發現看待問題的不同角度和多重觀點是必要的。一九七五年，我參加了聯合國在墨西哥城舉辦的國際婦女年世界會議，算是開了眼界，也得到很多啟發。世界上許多婦女都在為生存掙扎，如何擺脫孤立狀態，把婦女的力量彙集起來，成為社會的正能量，是值得我們思考的課題。

一九七三年我通過美國律師資格考試後，還收到著名的共和黨少數民族全國主席及亞裔委員會主席陳香梅女士給我的祝賀信，歡迎我加入她領導的共和黨亞裔組織。我在共和黨內待了幾乎十年，沒有什麼作為。

這些年來，我也逐漸反省自己在共和黨中的處境。感覺上共和黨比較保守，少數族裔在黨內的活動空間不大。在共和黨傾向於「富人俱樂部」的情況下，亞裔能夠扮演什麼角色？是點綴嗎？是啦啦隊？一九八〇年雷根代表共和黨競選總統時，競選經費有百分之十是來自亞裔，但除了抬轎，亞裔後來得到了什麼呢？共和黨在接納亞裔，反映他們心聲方面，做得足夠嗎？我不免感到困惑。我覺得民主黨反而更能夠敞開大門，接納少數民族。他們為提升婦女和少數族裔地位所推動的促進平等機會（affirmative action）的政策，也深得我心。這是促使我決定「跳槽」，加入民主黨的原因。我認為民主黨比較照顧一般美國中下層和工人以及少數族裔的利益。

坐而言不如起而行

我是一個相信「坐而言不如起而行」的人。在我居住的橡樹鎮，我曾受聘為社區關係委員會成員。那是一個無薪給的義務性職位。但只要能貢獻一點時間精力來改善大家居住的環境，有無薪酬並不重要。這是我的想法。政治圈並無高下，州政府級的是政治圈，社區級的同樣是政治圈，不同的只是大小而已。只要有實際貢獻，就是對社會的增益。我承認自己是有社會意識的。我不願像有些華人那樣，在美國社會只做到獨善其身，自掃門前雪，而是要對社會有所投入，才應享有它結成的果實。一九八三年，我和一群志同道合的朋友組成民主黨的亞太小組，希望集中力量，在黨內發揮影響力，來實現我們想要達到的一些目標。我們的努力並沒有白費。第二年，我成為亞太小組的主席，設法進一步推動亞裔所關切的各項議題。其中包括第二次世界大戰期間日裔美人被關入集中營，其子女要求政府道歉賠償的問題。政府雇員中亞裔的代表性不足，以及公私機構中亞裔受到歧視等問題。

一般華人常有一個錯誤觀念，以為參政就是奉獻一些金錢，同政要握手照相而已。事實並不然。參政並不一定要競選公職，而是要將我們的要求有效地傳達給「在位者」，影響他們，使他們不可忽視華裔的福利與權利。我當初參加所居住的社區橡樹鎮的民主黨活動，是為了親身體驗美國政黨及選舉的基本過程，決定從草根做起。

我支持橡樹鎮的黨區主任參選伊州參議員職位，是一步一步，跟著學習、參與和瞭解。當時帶自己年幼的三個孩子一起去黨部摺信紙，貼郵票，查名單，打電話等基層工作，大家可說是有錢出錢，有力出力。見到當地居民的熱心奉獻，確實令我感動。為共同利益和目標而活動，那份手足之情、團隊精神，遠超過華人社團中的互相猜忌、人身攻擊，種種分裂的行為。因此在各種活動方面，無論是參與草根的區委選舉或是參與總統候選人的選舉，甚少受到參與人的背後惡意攻擊或貶謫。這種出自內心的要增進社會團體福利與權益的真誠，是值得學習的。

橡樹鎮出身的伊州參議員菲利普・洛克（Philip Rock）後來當選伊州州議會議長。他最得意的貢獻是一九八六年的伊州新教育方案，得到大多數議員及州長的支持，成為伊州的法案，也是全美數一數二、值得驕傲的法案。其中，對資優兒童的研究和校方資助的問題，得到多方的鼓勵。在起草立案之初，他親邀我參加討論會，還請來全美各方的教育專家，逐條討論，甚至派遣學校教務長和老師遠至日本，考察研究為什麼亞洲學校的數理程度高過美國的中、小學。他的孺慕之情，溢於言表。與他相處，感到他不但毫無政客派頭，而且讓人如沐春風。

我們橡樹鎮所屬的九十七學區，本著這個教育法案，申請到雙語師資，以滿足當地學童的需要。凡新移民家庭，有不諳英語的入學學童，都可由校方聘雇雙語教師，陪同一起上課、研讀。在這方面，我和一些熱心公益的亞裔以及其他族裔，對當政的「在位者」的有形與無形的影響，已經得到確定的成果。這才是參政的最終目的。

我在一九八四和一九八八年兩度當選伊利諾伊州民主黨的黨代表，九〇年代也參加過伊州州立大學校董會的董事選舉和伊州聯邦法官的甄選。一九九六年我作為民主黨全國婦女委員會的委員，協助克林頓總統連任。這些都是我參政生涯的點點滴滴，也是值得自己珍惜的回憶。

我的「口喚」

早年在留學時期，我曾擔任全美穆斯林學生聯合會婦女組的幹事，協助芝加哥地區清真寺的事務。當了律師後，也曾協助解決他們所涉及的法律問題。譬如有一回，芝加哥的穆斯林要在某區購置寺產，遭當地居民反對，因為擔心前往祈禱禮拜的人與車輛會造成交通問題。這牽涉到市區的區域劃分法，也許還有一些潛在的、不好明說的歧視因素。我也以穆斯林法律人的身分，協助他們解決問題。又有一回，著名的世界拳王穆罕默德・阿里一九八六年設立的一個穆斯林慈善基金，邀請我到芝加哥大學附近的湖濱清真寺擔任主要演講人，談伊斯蘭的婦女地位。我鼓勵穆斯林婦女要勇於參加當地的政治和社會事務，融入社會，與不同的族群交流，才是提升地位之道。頓時全寺的教胞都高呼安拉，熱烈響應。在另外一次的電視訪問中，我也詳細介紹了伊斯蘭教在中國發展的歷史，讓觀眾耳目一新，因為這是一個很少人瞭解的題目。

一九七一年，我曾隨同父母到麥加朝覲，二〇〇五年我和家人又到麥加和麥地那朝覲，紀念我故去的雙親。伊斯蘭教義主張兼顧今世與後世，但今世是短暫的，稍縱即逝，後世才是永恆的。所以古蘭經有一段經文說：「財產及子嗣是今世短暫之排場，後世永恆不渝的享受則是清廉的善功，那是化育之主賜予你們最優的報酬及最好的寄望。」（十八章四六節）

伊斯蘭教義要求信徒在信仰與社會層面都做出無私奉獻，能夠從自己的資產中拿出一部分用於公共事業。因此，我在美國成立了湘雲研究基金會（Ming Memorial and Research Foundation），目的是要增進美國社會對中國穆斯林的瞭解與溝通，同時也促進中國的穆斯林青少年對外發展。二〇一五年又成立「閔湘帆仝道雲宗教基金」，作為實現我這一代的「口喚」。

回首來時路，作為一個穆斯林，我總是期勉自己不要辜負真主的啟示，不要遺忘幼時父母的庭訓，要盡力幫助社會上有困難的人，用自己的學識能力來關懷、回饋社會。

血歷史133　PC0707

新銳文創
INDEPENDENT & UNIQUE

親歷西安事變的穆斯林將軍：
追尋先父母的足跡

作　　者	閔錫慶
責任編輯	洪仕翰
圖文排版	楊家齊
封面設計	楊廣榕

出版策劃	新銳文創
發 行 人	宋政坤
法律顧問	毛國樑　律師
製作發行	秀威資訊科技股份有限公司 114 台北市內湖區瑞光路76巷65號1樓 電話：+886-2-2796-3638　傳真：+886-2-2796-1377 服務信箱：service@showwe.com.tw http://www.showwe.com.tw
郵政劃撥	19563868　戶名：秀威資訊科技股份有限公司
展售門市	國家書店【松江門市】 104 台北市中山區松江路209號1樓 電話：+886-2-2518-0207　傳真：+886-2-2518-0778
網路訂購	秀威網路書店：https://store.showwe.tw 國家網路書店：https://www.govbooks.com.tw

出版日期	2018年9月　BOD一版
定　　價	250元

Printed in Taiwan

國家圖書館出版品預行編目

親歷西安事變的穆斯林將軍：追尋先父母的足跡
/ 閔錫慶著. -- 一版. -- 臺北市：新銳文創,
2018.09
面； 公分. -- (血歷史；133)(PC0707)
BOD版
ISBN 978-957-8924-31-4(平裝)

1. 閔湘帆 2. 回憶錄

782.886 107013645

讀者回函卡

感謝您購買本書，為提升服務品質，請填妥以下資料，將讀者回函卡直接寄回或傳真本公司，收到您的寶貴意見後，我們會收藏記錄及檢討，謝謝！
如您需要了解本公司最新出版書目、購書優惠或企劃活動，歡迎您上網查詢或下載相關資料：http:// www.showwe.com.tw

您購買的書名：________________________________

出生日期：________年________月________日

學歷：□高中（含）以下　□大專　□研究所（含）以上

職業：□製造業　□金融業　□資訊業　□軍警　□傳播業　□自由業
　　　□服務業　□公務員　□教職　□學生　□家管　□其它______

購書地點：□網路書店　□實體書店　□書展　□郵購　□贈閱　□其他

您從何得知本書的消息？

□網路書店　□實體書店　□網路搜尋　□電子報　□書訊　□雜誌
□傳播媒體　□親友推薦　□網站推薦　□部落格　□其他__________

您對本書的評價：（請填代號　1.非常滿意　2.滿意　3.尚可　4.再改進）

封面設計____　版面編排____　內容____　文／譯筆____　價格____

讀完書後您覺得：

□很有收穫　□有收穫　□收穫不多　□沒收穫

對我們的建議：________________________________

____

____

____

請貼
郵票

11466
台北市內湖區瑞光路 76 巷 65 號 1 樓
秀威資訊科技股份有限公司 收
BOD 數位出版事業部

(請沿線對折寄回，謝謝！)

姓　　名：________________　年齡：________　性別：□女　□男

郵遞區號：□□□□□

地　　址：____

聯絡電話：(日)________________ (夜)________________

E-mail：____